Beltz Taschenbuch 841

W0049238

Über dieses Buch:
ADS-Kinder wollen den Unterricht nicht stören und in der Schule nicht auffallen, sie wollen durchaus erfolgreich lernen, aber sie können ihr Verhalten allein nicht besser steuern. Das führt häufig zu belastenden Situationen in der Klasse, auch für die MitschülerInnen. Beim ADS-Kind selbst kommt es zu Lernschwierigkeiten, zu Misserfolgserlebnissen, die auf Dauer das Selbstwertgefühl beeinträchtigen. Und zu Hause entbrennt jeden Tag aufs Neue der Kampf um die Hausaufgaben, die sich oft quälend lange hinziehen, ohne befriedigendes Ergebnis.

Lehrer wiederum werden in ihrer Ausbildung zu wenig auf den Umgang mit ADS-Kindern vorbereitet und stehen oft hilflos vor den Problemen in der Klasse, *Lehrer* und *Eltern* verlieren den Blick für die positiven Eigenschaften des ADS-Kindes und seine Lernbereitschaft, die von dem störenden Verhalten überdeckt werden.

In diesem Ratgeber erfahren die Leserinnen und Leser nicht nur viel Wissenswertes über das Syndrom, LehrerInnen erhalten vor allem praxiserprobte Strategien für die tägliche Unterrichtsgestaltung: wie sie durch ihr eigenes Verhalten positiv auf das ADS-Kind einwirken, wie sie ihm durch die Unterrichtsgestaltung helfen können, bei der Sache zu bleiben, wie sie Konfliktsituationen entschärfen und das Kind in die Klassengemeinschaft integrieren können.

Eltern erfahren, wie sie ihr ADS-Kind bei den Hausaufgaben unterstützen können: durch die Gestaltung des Arbeitsplatzes, Anreiz- und Belohnungssysteme, die Strukturierung der Hausaufgabenzeit und den systematischen Aufbau der Selbststeuerung des Kindes.

Ausführlich werden auch die Möglichkeiten der Zusammenarbeit von Eltern und Lehrern dargestellt.

Ein Ratgeber, der gezielt Probleme im Unterricht und bei den Hausaufgaben anspricht und hilft, diese erfolgreich zu lösen.

Die Autorin:
Rosemarie Farnkopf ist Sozialpädagogin und Erziehungswissenschaftlerin. In den letzten Jahren widmete sie sich ausschließlich dem Thema ADS. Ihre Erfahrungen gewann sie im Unterricht in Förderklassen, in denen sie vielen ADS-Kindern durch eine gezielt pädagogische Arbeit und kompetente Elternberatung geholfen hat. Außerdem hält sie Vorträge, führt Lehrerfortbildungen durch und leitet Elternseminare zum Thema ADS.

Rosemarie Farnkopf

ADS und Schule

Tipps für Unterricht und Hausaufgaben

Besuchen Sie uns im Internet:
www.Beltz.de

Beltz Taschenbuch 841

4. Auflage 2007

© 2002 Beltz Verlag · Weinheim, Basel, Berlin
Umschlaggestaltung: Federico Luci, Odenthal
Umschlagabbildung: Mauritius, Mittenwald
Satz: WMTP, Birkenau
Druck und Bindung: Druck Partner Rübelmann, Hemsbach
Printed in Germany

ISBN 978-3-407-22841-3

Inhalt

Um Kinder zu erziehen, muss man verstehen, Zeit zu verlieren,
um Zeit zu gewinnen.
Jean-Jacques Rousseau (1712–1778)

Vorwort

Liebe Leserin, lieber Leser,

die Idee zu diesem Buch entstand aus dem beruflichen Alltag. Zu Beginn meiner pädagogischen Tätigkeit wurde ich mit verhaltensauffälligen Kindern konfrontiert, die mich manchmal überforderten und mir alle Kraft nahmen – andererseits faszinierten mich diese geheimnisvollen Kinder, die ich noch nicht verstand. Je mehr ich mich fortbildete und je eingehender ich mich mit ihnen befasste, desto mehr lernte ich sie schätzen und mögen, so dass ihre schwachen Seiten zunehmend in den Hintergrund traten und ich mit ihren starken Seiten arbeiten konnte. Diese Kinder wünschen sich, Freude in die Gesichter der Erwachsenen zu zaubern.

Schon immer gab es »ADS«-Kinder, man bezeichnete sie nur je nach beruflichem Hintergrund, Sachkenntnis sowie Einfühlungsvermögen sehr unterschiedlich und gestaltete entsprechend unterschiedlich den Umgang mit ihnen. Obwohl die Begriffe »Hyperaktivität«, »Hyperkinetisches Syndrom«, »ADD« (für: »attention-deficit-disorder«), »ADHD« (für: »attention-deficit-and-hyperactivity-disorder«), »POS« (Psychoorganisches Syndrom) und »ADS« (Aufmerksamkeitsdefizitsyndrom) zunehmend in den Medien auftauchen und sich das Fachwissen mehrt, führt dieses Thema im Vergleich zu anderen Nationen in der schulischen und pädagogischen Debatte bei uns noch eher ein Schattendasein. So war die Aufklärung über ADS in den letzten Jahren nicht selbstverständlicher Bestandteil pädagogischer Ausbildung, so dass ein fundierter Wissensstand häufig – und dies auch bei denen, die beruflich mit solchen Kindern zu tun haben – Ausdruck persönlichen Engagements ist. Dies kann im professionellen Bereich zur Ignoranz des Problems, zum Loswerdenwollen des Kindes aus Überforderung, zur unbegründeten Schuldzuweisung und zu einer von permanenten Auseinandersetzungen bestimmten Atmosphäre führen. Betroffene Familien, die für das ADS-Kind rund um die Uhr zuständig sind, geraten recht bald an ihre Belastungsgrenze und leiden oft jahrelang unter Schuldgefühlen, bis sie für sich selbst das Problem geklärt bzw. kompetente Unterstützung gefunden haben.

Auf dem Hintergrund meiner Erfahrungen in der Basisarbeit mit ADS-Kindern und ihren Eltern erhalten Sie in diesem Buch einfache, konkrete und erfolgreich praktizierte Tipps zum Umgang mit konzentrationsbeeinträchtigten Schülern. Neben der komprimierten Sachinformation für Schule und Elternhaus liegt mir die Reduktion von Konflikten zwischen Pädagogen und Eltern, die sich sehr nachteilig auf die Kinder auswirken, am Herzen. Dieses Buch möge dazu beitragen, dass man in guten Gesprächen gemeinsam Wege erarbeitet und festlegt, um den Kindern klare Orientierung mit gezielter Förderung zu geben sowie eine Umgebung zu schaffen, in der Kinder nicht nur angenommen und verstanden werden, sondern aufblühen und sich in der Verantwortung stehende Erwachsene ebenfalls respektiert und wohl fühlen.

Rosemarie Farnkopf[1]

---

1 Anmerkung: Aus Vereinfachungsgründen nenne ich immer die männliche Form bei Substantiven wie Lehrer, Schüler. Natürlich sind damit immer beide Geschlechter gemeint.

1. Kapitel
ADS (Aufmerksamkeitsdefizitsyndrom) mit oder ohne Hyperaktivität

Stellen Sie sich vor, Sie seien ein ADS-Kind mit oder ohne Hyperaktivität: Wo auch immer Sie sich aufhalten, früher oder später fallen Sie auf: Ungeschicklichkeiten passieren, Sie können sich nicht auf das Wesentliche konzentrieren, es entstehen Unruhe und Konflikte, und Ärger begleitet sie rund um die Uhr. Häufig wüssten Sie nicht, was man eigentlich genau von Ihnen will. Anderen Kindern gelingen Dinge auf Anhieb, sie verhalten sich passender, ernten Lob und werden gern gesehen. Sie hingegen werden permanent auf etwas hingewiesen, das Sie nicht können bzw. falsch machen. Warum erkennt so gut wie keiner, wie sehr Sie sich angestrengt haben und bemüht waren, alles richtig zu machen? …

Einleitung

Vor 150 Jahren verfasste der Nervenarzt Dr. Heinrich Hoffmann das Buch vom Struwwelpeter. Er beschrieb Auffälligkeiten im Verhalten der Kinder seiner Zeit. »Zappel-Philipp« und »Hanns Guck-in-die-Luft« sowie Untersuchungen in der ersten Hälfte des 20. Jahrhunderts zeigen also, dass es sich bei dem Aufmerksamkeitsdefizitsyndrom nicht um ein ausschließlich durch unsere hektische Zeit verursachtes Verhalten handelt, sondern um ein schon lang bekanntes Störungsbild.

In der Öffentlichkeit hört man in der letzten Zeit im Zusammenhang mit Problemkindern zunehmend den Ausdruck »Hyperaktivität« bzw. »ADS mit Hyperaktivität«. Man meint damit Kinder, die ständig in Bewegung sind und sich ruhelos verhalten und die oft in Konflikte verwickelt sind. Wenn man genauer hinsieht, stehen bei diesen Kindern primär Konzentrations- und Ausdauerschwierigkeiten im Vordergrund. Aber auch Impulsivität und emotionale Labilität treten häufig hinzu. Die Ausprägung des Syndroms (Syndrom = eine Gruppe von Symptomen macht das Störungsbild aus) ist sehr unterschiedlich: von einer kaum merkbaren bis zur extrem heftigen Form. Es gibt auch motorisch ruhige, verträumte Kinder mit einer Aufmerksamkeitsstörung, dem »ADS ohne Hyperaktivität«. Um ADS-ähnliche Auffälligkeiten mit anderer Ursache klar von ADS zu trennen, muss immer auf eine sehr sorgfältige Diagnose geachtet werden.

Dieses Aufmerksamkeitsdefizitsyndrom gehört international zu den häufigsten Verhaltens- und Lernstörungen im Kindesalter. Eine Hirnfunktionsstörung wird als verursachend gesehen. In der BRD geht die Fachwelt je nach Diagnose- bzw. Klassifikationssystem von ca. 5 Prozent Syndromträgern in einer Altersgruppe aus (Staatsinstitut für Schulpädagogik 2000). D.h., in jeder Kindergartengruppe und in jeder Schulklasse befinden sich ein bzw. mehrere ADS-Kinder. Ähnliche oder auch höhere Prozentzahlen werden in den verschiedenen Nationen der Weltbevölkerung angegeben. Der internationale Forschungs- und Behandlungsstand weist eine große Spannweite auf: In Südeuropa und in den romanisch sprechenden Ländern findet ADS in der pädagogischen Ausbildung bisher so gut wie keine Erwähnung; dagegen wurde in China kürzlich die erste Elternselbsthilfegruppe gegründet; in Oslo gibt es eine Klinik für Erwachsene mit ADS und in den USA werden ca. vier Millionen Schulkinder medikamentös behandelt.

Neun von zehn ADS-Kindern bleiben in der schulischen Entwicklung hinter ihren intellektuellen Möglichkeiten zurück. Nahezu ein Drittel landet schon früh, oft bereits während der Grundschulzeit, in einer Sonderschule. Zur Geschlechterdifferenzierung ordnet die Fachliteratur momentan eine deutliche Dominanz den betroffenen Jungen zu, wobei die Angaben variieren: Zehn bzw. fünf, vier, drei oder zwei Jungen kommen danach auf ein Mädchen. Einzelne aktuelle Berichte gehen von einer Gleichverteilung aus, die jedoch schwieriger zu beobachten sei, da Mädchen eher in der Lage seien, ADS zu kompensieren und ihre emotionale Impulsivität zu kontrollieren.

Aufmerksamkeit, Konzentration

Schon 1908 differenzierte Ribot zwischen der natürlichen, absichtslosen, unwillkürlichen und der willkürlichen, durch Erziehung erworbenen Aufmerksamkeit. Unter der unwillkürlichen Aufmerksamkeit verstehen wir heute ein zufälliges Wahrnehmen von Reizen, das auf Gegenstände oder Veränderungen der Umwelt gerichtet ist. Neugierverhalten, Spieltrieb sowie die Stärke der Reize dominieren die unwillkürliche Aufmerksamkeit bei kleineren Kindern. Sprache lenkt die unwillkürliche Aufmerksamkeit auf bestimmte Gegenstände und Handlungen. Anregungen der Umwelt zur ausdauernden, nicht ausschließlich lustbetonten Beschäftigung entwickeln sie weiter. Werden bestimmte Aufgaben vom Kind abverlangt, beginnt sich die willkürliche Aufmerksamkeit zunehmend auszubilden. Das 6-jährige Kind lernt aufgrund bestimmter Erfahrungen, seine Aufmerksamkeit selbst zu steuern, bewusst zu lenken und seine eigene Tätigkeit zu organisieren (Saporoshez 1973). D.h., es kann sich nun auf solche Dinge konzentrieren, von denen es nicht unwillkürlich angesprochen wird und die nicht nur von seinen Interessen, Strebungen und Gefühlen bestimmt werden. Aber nicht nur die dazu nötige Innensteuerung wächst im Laufe des Vorschulalters, sondern auch die Dauer der Aufmerksamkeitsspanne dehnt sich beachtlich aus.

Die Aufmerksamkeit stellt neurobiologisch betrachtet eine Netzwerkfunktion dar, die immer die Aktivierung mehrerer Gehirnteile für ihre Funktion braucht (Droll 2000).

Konzentration wird vom Menschen hergestellt, indem er durch die Aktivierung von Vorerfahrungen und Wissen entsprechend einem Ziel handelt. Dabei werden willentlich über eine intensive, stabile Zuwendung zu einem Objekt oder einer Tätigkeit Störreize abgeschirmt unter gleichzeitiger Einengung des Bewusstseinsfeldes. Die unter ADS leidenden Kinder zeigen eine unwillkürliche Aufmerksamkeit und nehmen eine Menge Reize ungesteuert – sozusagen nebenbei – auf. Die natürliche Aufmerksamkeit funktioniert, sie hat sich allerdings nicht altersgemäß zur selbst gesteuerten willkürlichen Aufmerksamkeit (= Konzentration) weiterentwickelt. Das bewusste Fokussieren, die Unterscheidung von wichtigen und unwichtigen Reizen sowie eine ausdauernde Beschäftigung mit einer anstrengenden Tätigkeit fallen schwer.

Beschreibung des Störungsbilds »Aufmerksamkeitsdefizitsyndrom«

Berühmte Persönlichkeiten wie etwa Albert Einstein, Wolfgang Amadeus Mozart, Thomas Edison, George Bernard Shaw könnten nach Einschätzung von Psychologen ebenfalls von ADS betroffen gewesen sein, genauso wie viele Schauspieler; vor einigen Jahren bekannte sich Dustin Hoffmann, unter ADS zu leiden. Dennoch fällt es einigen Menschen schwer, zu akzeptieren, dass ewiges Zerstreutsein tatsächlich eine Krankheit ist und nicht nur ein Charakterfehler.

In der internationalen Fachwelt geht man bei dem Aufmerksamkeitsdefizitsyndrom von einer Störung, von einem Krankheitsbild, aus. Im Sinne eines Syndroms setzt es sich aus einem Bündel von Verhaltenssymptomen zusammen, die unterschiedlich stark ausgeprägt sein können. Das vielfältige Erscheinungsbild reicht vom bekannten Zappelphilipp über brav träumerische Kinder bis hin zum depressiv orientierungslosen Jugendlichen und umfasst unstete impulsive, aber auch depressive Erwachsene bis zum brillanten zerstreuten Professor (Ryffel 1996).

Wir alle wissen: Manche Kinder sind lebhafter als andere. Auch gibt es in der kindlichen Entwicklung Phasen vermehrter Ablenkbarkeit und Konzentration; die Ausdauer steigert sich erst mit dem Alter. ADS-Kinder zeigen jedoch im Vergleich zu ihren Altersgenossen anhaltende, intensivere und umfassendere Konzentrations- und Ausdauerprobleme sowie meist eine übersteigerte Impulsivität. Bei einem großen Teil der Kinder kommt noch motorische Umtriebigkeit hinzu, d.h., sie neigen zu erhöhter Aktivität zur Unzeit. Die Symptome müssen vor dem 7. Lebensjahr relativ konstant in unterschiedlichen sozialen Kontexten (Familie, Kindergarten/Schule, Öffentlichkeit) auftreten.

Oftmals schon im Mutterleib überaus lebhaft, stellen manche ADS-Kinder für die Eltern von Geburt an eine hohe Belastung dar. Schlafprobleme, Störungen der Nahrungsaufnahme, Koliken, Unruhe und häufiges Schreien sind bei einigen Säuglingen zu beobachten, was ein Anzeichen für ADS sein kann, aber nicht notwendigerweise sein muss.

Neben verträumten, sich bevorzugt alleine beschäftigenden Kindern ist auch das überaktive Verhalten beobachtbar. Es zeigt sich im *Kleinkindalter* zum Beispiel durch große Zappeligkeit und darin, dass die Kinder häufig nur mit Mühe gehalten werden können. Ein Teil der Kinder beginnt zu laufen, ohne vorher zu krabbeln. Verzögerungen in der frühkindlichen Entwicklung müssen nicht vorkommen, treten aber vermehrt bei Kindern mit ADS auf. Sie bewegen sich ruhelos in der Wohnung, untersuchen dies und das, viele drehen richtig auf, als hätten sie nur einen Motor und keine Bremse. Ihre oft gereizte Stimmung kann als Ausdruck eines erhöhten, instabilen psychophysiologischen Aktivitätsniveaus interpretiert werden. Aufsichtspersonen sind bei starker Ausprägung des Syndroms ständig extrem gefordert.

Kommen sie in den *Kindergarten,* werden das häufige Wechseln ihrer Spielaktivitäten meist ohne Spielbeendigung, Probleme beim Aufräumen sowie ihr unstetes, impulsives, aggressives Verhalten kritisiert. Sie hüpfen mehr, als dass sie gehen, und klettern ausgesprochen gerne. Gemeinschaftliches ruhiges Sitzen wie z.B. beim Basteln, beim Frühstücken und im Stuhlkreis ist ihnen nahezu unmöglich. Gute Beobachter registrieren auch die sehr zurückhaltenden, in ihrer Gedankenwelt versunkenen ADS-Kinder ohne Hyperaktivität. Oft stellt man Rückstände in der Entwicklung der Sprache, der Bewegungsabläufe, des freien Zeichnens fest. Das Nichtbeachten von Grenzen und Anweisungen, sowie Wutausbrüche gehören zur Tagesordnung. Kinder mit ADS sind häufig nicht in der Lage, sich einzufügen, möchten aber selber immer bestimmen und gelangen so schnell an den Rand der Gruppe. Sie spüren das und versuchen beispielsweise über Clownerien, Zuneigung zu erhalten. Es fällt ihnen schwer, Freunde zu finden. Tendenziell bevorzugen sie Kinder, die ihnen sehr ähnlich oder gerade das Gegenteil von ihnen sind. Für viele Familien beginnt in der Kindergartenzeit der Leidensweg. Das Verhalten in der Öffentlichkeit kann zum Problem werden: Motorische Unruhe, permanent ungesteuert Dinge anfassen, Ungeschicklichkeiten, gereizte Stimmungslage und das Nichtbeachten von Regeln verleiden gemeinsame Unternehmungen. Trotz aller Bemühungen der Eltern nehmen die Schwierigkeiten nicht ab. Nicht selten geraten Familien in die soziale Isolation.

Man hofft, der Wechsel in die *Schule* böte für das Kind eine neue Chance. Anfangs ist der Schüler auch tatsächlich anders im Verhalten, denn das Kind ist ganz angetan von den vielen neuen Eindrücken. Aber nach einigen Wochen mit weniger Neuem und zunehmenden Pflichten tritt die Problematik wieder auf, weil die Kinder mit den im Klassenzimmer üblichen Anforderungen an Ruhe, Ausdauer und Konzentration konfrontiert werden, denen sie meist nicht gewachsen sind. Durch eine oftmals übersteigerte Sensitivität registrieren sie Reize, die andere gar nicht wahrnehmen. Jede Bewegung, jedes Geräusch, jedes Geschehnis im Umfeld wirkt wie ein Magnet und zieht sofort die Aufmerksamkeit auf sich. Das Kind ist permanent unwillkürlich aufmerksam, es wird gleichsam von Außenreizen gelenkt. Die Aufmerksamkeit auf das Verlangte dauerhaft einzustellen ist sein Problem. Bei subjektiv anstrengenden Aufgabenstellungen kann schlagartiges Ermüden einsetzen. Der Selbststeuerungsprozess, der aus unwillkürlicher Aufmerksamkeit Konzentration werden lässt, gelingt nicht, wodurch die Leistungsfähigkeit eine Einschränkung erfährt. Erschwerend kommt hinzu, dass ADS-Kinder meistens eine mangelhafte Selbsteinschätzung zeigen, extremen Stimmungsschwankungen unterliegen, Aufgabenstellungen schlecht erfassen und über keine Arbeitsstrategie verfügen. Ihre Neigung zum konfusen Trödeln fällt auf. Ungesteuerte Bewegungen, Rempeln, Treten und dergleichen sowie manche ungewollte Verletzung können zu Konflikten mit Mitschülern führen. Einzelne Kinder mit ADS zeigen gegenüber Temperatur und Schmerz eine gewisse Unempfindlichkeit. Während bei vielen Betroffenen das Körpergefühl und die Muskel-(Sinnes-)Koordination Störungen aufweisen, erlangen Einzelne sogar überdurchschnittliche Erfolge bei Lieblingsbeschäftigungen in grob- und feinmotorischen Bereichen. Allgemein verursachen defizitäre Bewegungsabläufe und eine verkrampfte Körperhaltung Ungeschicklichkeiten und führen zu mangelnden Sportleistungen. Da ihnen der Umgang mit dem Stift Mühe macht, malen und schreiben sie nicht gern. Die Kraftdosierung fällt schwer, deshalb drücken manche Kinder beim Schreiben so fest auf, dass es zur Perforierung des Papiers kommt. Naheliegenderweise – das Sprechen ist ein hochkomplexer Wahrnehmungs- und Koordinationsprozess – sind vielfach Sprach- (phonetische Wahrnehmung, Grammatik, Wortschatz) und Sprechprobleme (Lautbildung; verwaschene, unverständliche Aussprache) vorhanden. Der IQ ist bei aufmerksamkeitsgestörten Kindern normal verteilt. Es kann eine auffallende Diskrepanz zwischen offenkundiger Intelligenz und Leistung entstehen, denn diese Schüler sind aufgrund ihrer Unkonzentriertheit, ihrer Impulsivität und ihrer inneren bzw. äußeren Unruhe nicht in der Lage, das vorliegende kognitive Vermögen in angemessene schulische Erfolge umzusetzen. Genauso kann es konzentrationsgestörten Hochbegabten ergehen, sie leiden nicht selten unter ihrem zweifachen Anderssein.

Viele konzentrationsbeeinträchtigte Kinder sind von so genannten Teilleistungsschwächen betroffen. Bei den auditiven und visuellen Verarbeitungsstörungen hört und sieht das Kind zwar problemlos, aber die Verarbeitung des Gehörten und des Gesehenen im Gehirn funktioniert nicht optimal. Die häufigste Teilleistungsstörung unter den ADS-Kindern heißt Lese-Recht-schreib-Schwäche. Dieses Sprachwahrnehmungsdefizit zeigt sich nicht nur im elementaren Unterricht, sondern auch oft beim Erlernen von Fremdsprachen. Die ebenso zum Teil beobachtete Schwäche in der auditiven Kurzzeitspeicherung erklärt man sich damit, dass gehörte Begriffe nicht in Bilder übertragen werden können und somit die Information nicht gespeichert, sondern gleich wieder vergessen wird. Der Betroffene scheint zuweilen nicht zuzuhören, wenn andere ihn ansprechen. Die Dyskalkulie (Rechenschwäche) kann ebenfalls auftreten.

Die Kinder verstehen oft nicht, was sie falsch machen, da sie sich ihrer persönlichen Wahrnehmung gemäß verhalten. Vermutlich liegt das Problem darin, dass sie den Input teilweise anders aufnehmen, verarbeiten und umsetzen. Unbedacht rennen sie los, ohne zu schauen; sie reden, scheinbar ohne zu überlegen, und erkennen schlecht Gefahren. Nachweislich verletzen sich ADS-Kinder durch ihre Art der Wahrnehmung bzw. ihr geringes Gefahrenbewusstsein häufiger, das Unfallrisiko auf der Straße ist ebenfalls deutlich erhöht. Impulsivität und der damit verbundene Mangel an Triebaufschub verhindern eine systematische Handlungsplanung. Die Hausaufgabenerledigung entpuppt sich nicht selten zum nervenaufreibenden Alltagsproblem.

Auch verweigerndes Verhalten, Angstentwicklung vor Versagen und die Verstrickung in Konflikte kommen oft hinzu. Die meisten ADS-Kinder zeigen keine altersgemäße sozial-emotionale Entwicklung. Sie sind schlechte Verlierer und weisen neben einer mangelnden Selbstkritik auch ein nicht adäquates Realitätsbewusstsein auf. Das Spielen klappt oft besser mit jüngeren oder älteren Kindern als mit gleichaltrigen, d.h., sie sind in manchen Bereichen Spätentwickler. Ihr ausgeprägter Gerechtigkeitssinn ist bekannt. Im Grunde sind sie rasch bereit zu verzeihen, es sei denn, man verletzt sie zutiefst in einem kritischen Bereich – dann wird die Beziehung ein für alle Mal beendet.

Auf der Suche nach »Kicks«, die ihren Reizhunger stillen,

zündeln sie oder lassen sich zu anderen fragwürdigen Aktionen verleiten. Mit Lügen aus einer gewissen Not heraus oder aus Vergesslichkeit, indem sie dann irgendetwas einfach mal behaupten, versuchen sie sich oft intuitiv zu schützen. Bei manchen Kindern stellt sich langsam eine allgemeine Unzufriedenheit aufgrund der langen Frustrationskette ein und sie können sich manchmal selbst nicht mehr leiden. Und doch finden die meisten Kinder aus solchen Phasen alleine wieder heraus, da sie die reinsten Stehaufmännchen sind.

In der *Pubertät* verschärft sich vielfach die ADS-Problematik; die Schüler pubertieren länger und reagieren übermäßig. Entsprechend setzen Verhaltensweisen wie Selbstkontrolle, Selbstregulation und Toleranz wesentlich später als bei Normgesteuerten ein. Im *Jugendalter* kann die körperliche Unruhe zurückgehen; auch die sichtbare Unaufmerksamkeit und Impulsivität treten eventuell vermindert auf, gleichwohl wird von Empfindungen wie Rastlosigkeit und Umtriebigkeit berichtet. Das Trennen von Tatsachen und Gefühlen fällt schwer. In unserer Gesellschaft sind ADS-Jugendliche mit ihrer problematischen Selbststeuerung und Beeinflussbarkeit, die teilweise aus Verlustängsten resultiert und einer gewissen Reizsucht – »seeking for sensation« –, ausgesprochen gefährdet. Kinder, die aggressiv auffällig waren, entwickeln neben massiven Schulproblemen gehäuft dissoziale Verhaltensprobleme wie Schulschwänzen, Lügen und Stehlen. In einer neuseeländischen Längsschnittstudie von 1995 stellte sich heraus, dass nur ADS-Kinder mit einer zusätzlichen Störung des Sozialverhaltens einen verstärkten Genuss von Nikotin, Alkohol und illegalen Drogen im Alter von 15 Jahren praktizierten (Huss et al. 2000). Wichtig ist deshalb eine Einbindung in faszinierende Sportarten oder soziale Aktivitäten, um nicht bei Randgruppen Anerkennung zu finden, in »schwierige Gesellschaft« abzurutschen oder aus Langeweile und Frustrationserlebnissen Blödsinn anzustellen. Es sollten keine Herumhängphasen ohne konkrete Anforderungen entstehen, da sich ADS-Jugendliche schnell rundum versorgen lassen mit der Neigung zu steigenden Ansprüchen

(Neuhaus 2000). Neben der Tendenz zu oppositioneller Verweigerungshaltung können auch depressive Reaktionen bei eher introvertierten ADS-Jugendlichen aufgrund negativer sozialer Erfahrungen und fehlender schulischer Erfolge beobachtet werden. Sehr intelligente Kinder in einem optimalen Umfeld schaffen es teilweise, ihre ADS-Primärsymptome zum Teil bis ins Berufsleben zu kompensieren.

Die Verhaltensprobleme des Jugendalters können im *Erwachsenenalter* zurückgehen. Befreit vom Schulzwang gelingt es vielen, ihre Energien in Mehrarbeit oder engagierte Tätigkeiten umzuwandeln, um endlich Anerkennung zu bekommen. So genannte Schutzfaktoren (eine gute Begabung bzw. spezielle Fähig- und Fertigkeiten; sie schätzende und richtig mit ihnen umgehende Menschen, die sie kontinuierlich begleiten; eine fördernde Umgebung) verhelfen einigen »Spätzündern« noch zu erfreulich günstigen Entwicklungen. Von ADS-Personen geht oft eine gewisse Faszination aus, sie begeistern in geselliger Runde und dennoch: Bei ca. 30 bis 60 Prozent der ADS-Erwachsenen wirken sich die Symptome, mehr oder weniger verdeckt, weiter im Alltagsleben aus. Sie befinden sich in einem inneren und/oder äußeren Chaos, und es besteht die Gefahr, dass ihre Hilfsbereitschaft ausgenutzt wird. Patienten mit leichteren ADS-Formen erleben noch gelegentlich in längeren Prüfungen das Versagen der Konzentration. Bei oberflächlicher Diagnose kann sich ADS dann zur »Depression« verwandeln, die nicht als Komorbidität (Begleitsymptom) diagnostiziert und womöglich fehlbehandelt wird. Wir wissen, dass das Risiko von Verkehrs- und Arbeitsunfällen bei ADS-Betroffenen stark erhöht ist. Die berufliche Situation und die familiäre Integration erhalten eine große Bedeutung für ihre Biografie. Wenn ADS nicht entsprechend behandelt wird, kann es bei ungünstigem Umfeldeinfluss auch zu dissozialem Verhalten kommen. Nicht nur in den USA leidet vermutlich ein beachtlicher Prozentsatz der Gefängnisinsassen an ADS.

Bei passenden Gegebenheiten in den beruflichen und sozialen Feldern steigt die positive Gesamtprognose. Einen höheren prozentualen Anteil an ADS-Menschen macht man in den nachstehenden durch Abwechslung oder eine Portion Risiko charakterisierbaren Berufsgruppen aus: in der Künstler- bzw. Unterhaltungsbranche (Design, Werbung, Handwerk, darstellende Kunst, Entertainment), in Helferberufen (Feuerwehr, Notfallteams) und in Berufen, in denen es auf schnelle Reaktionen ankommt (Fluglotsen, Piloten, Renn- und Fernfahrer, Vertreter, Journalisten, Politiker). Wie jüngst eine amerikanische Untersuchung feststellte, zeigen ca. 50 Prozent der amerikanischen Unternehmer ADS-Verhaltensweisen. Reine Verwaltungsarbeiten – beispielsweise Buchhaltung – scheinen weniger attraktiv bzw. »bekömmlich« zu sein.

Vorrangige Probleme der Aufmerksamkeitsstörung stellen geringe Selbststeuerungsfähigkeit, leichte Ablenkbarkeit, mangelndes Durchhaltevermögen und Vergesslichkeit dar. Die Impulsivität führt zu Problemen im planvollem Vorgehen und zu häufigen Frustrationen bei geringer Frustrationstoleranz (Wutausbrüche etc.). Begleitend können hinzukommen: eine seelische Entwicklungsverzögerung, ein ausgeprägter Gerechtigkeitssinn, Kritikempfindlichkeit, Konflikthäufung, Antriebslosigkeit und erhebliche Beeinflussbarkeit durch andere. Bei *ADS mit Hyperaktivität* ist ein weiteres Charakteristikum die motorische Unruhe, das ständige In-Bewegung-Sein. Kinder mit *ADS ohne Hyperaktivität* haben es noch schwerer als hyperaktive Kinder, Hilfe zu erhalten. Das Syndrom wird deutlich seltener, weil noch unbekannter als ADS mit Hyperaktivität, diagnostiziert. Diese Kinder stören weniger und werden oft im Sinne einer Entwicklungsverzögerung falsch eingeschätzt. Tagträumen, Arbeitsblockaden, extrem langsames Arbeitstempo und schnelles Ermüden können im Unterricht beobachtet werden. Sie erwecken den Eindruck, passiv bis desinteressiert zu sein. Die Neigung, die Zeit zu vergessen und Dinge zu verlegen, gehört zum Alltag. Bei kleinstem Anlass können manche in Tränen ausbrechen. Ein schlechtes Selbstvertrauen gepaart mit Ängstlichkeit und die Tendenz zu Depressionen treten bei dieser auch »hypoaktiv« genannten Form vermehrt auf. Es fällt ihnen schwer, nein zu sagen, obwohl sie sich oft überfordert fühlen. Sie gelten als schüchtern und geben rasch auf.

Die Symptomatik eines Aufmerksamkeitsdefizitsyndroms mit oder ohne Hyperaktivität ist individuell sehr unterschiedlich ausgeprägt. Wie schon gesagt, tritt ADS mit weiteren Störungen (Komorbiditäten) im Leistungsbereich wie Sprachauffälligkeiten, Legasthenie, Dyskalkulie, motorischen Defiziten sowie im emotionalen Bereich auf. Viele Kinder spüren ihre Handikaps, leiden an ihrem inneren, äußeren Chaos und dem Irgendwie-anders-Sein. Sie alle wollen anderen ein Freude bereiten und sich an die Regeln halten, aber wie sie sich auch abmühen, es will nicht gelingen. Irgendwann hadert das Kind mit sich selbst.

Die Reaktionen des Umfelds auf das ADS-Kind sind deshalb von großer Bedeutung. Wenn man über das Krankheitsbild gut informiert ist, kann ein Perspektivenwechsel bei den Kontaktpersonen erfolgen und der Betroffene aus dem Teufelskreis von Lernversagen und sozialer Ausgrenzung herausgeholt werden. Die positiven Eigenschaften dieser Kinder kommen dann noch deutlicher zu Tage: z.B. kreativ, hilfsbereit (besonders gegenüber jüngeren oder schwächeren Kindern und alten Menschen), gerecht, sensibel, charmant, schauspielerisches Talent, lustig, nicht nachtragend, fröhlich, begeisterungsfähig, tierlieb, immer wieder bereit, sich mit viel Energie interessantem Neuem zuzuwenden.

Ursachen des Aufmerksamkeitsdefizitsyndroms

Je mehr ich mich mit dem ADS-Thema beschäftige, desto wichtiger erscheint es mir, klar zu trennen zwischen den verschiedensten reaktiven Störungsbildern, die durch individuelle, familiäre Konstellationen – teilweise im Kontext aktueller gesellschaftlicher Gegebenheiten – bedingt sind, und dem Krankheitsbild ADS. Ansonsten besteht die Gefahr, oberflächlich zu analysieren und einem Kind durch Fehldiagnose keine adäquate Hilfe zukommen zu lassen. Nach dem gegenwärtigen Wissensstand ist die Erziehung nicht die Ursache für die Entstehung eines echten Aufmerksamkeitsdefizitsyndroms. Psychosoziale Faktoren – wie die Erziehung – können jedoch Entwicklung und Verlauf entscheidend beeinflussen.

International sind sich zurzeit die meisten Wissenschaftler einig, dass die Hauptursachen von ADS in Funktionsstörungen des Gehirns zu suchen sind, womit es sich um eine neurobiologisch bedingte Erkrankung handelt (Steinhausen 1995). Durch bildgebende Untersuchungsmethoden (Positron-Emissions-Tomographie [PET] oder regionale Hirndurchblutungsmessungen [rCBF]) wurde es möglich, Durchblutung sowie Stoffwechsel in den einzelnen Hirnregionen zu erfassen. Diese aufwendigen und teilweise belastenden Verfahren wendet man in wissenschaftlichen Studien an. Bei ADS-Betroffenen wurden eine verminderte Durchblutung sowie eine Glucoseunterversorgung in bestimmten Hirnarealen festgestellt. Diese Funktionsstörungen kamen vor allem in Gehirnabschnitten vor, die für die Steuerung bzw. Verhaltenskontrolle zuständig sind. Nach einer Gabe von Methylphenidat normalisierte sich die Durchblutung vor allem in diesen vorderen Hirnarealen (Krause 1998). Inzwischen gibt es auch speziell durchgeführte MRT-(Magnetresonanztomographie)-Untersuchungen, die über Auffälligkeiten im Frontalhirnbereich erste diagnostische Ansätze beinhalten (Studien Mitte der Neunzigerjahre: Castellanos, Filipek, Giedd, s. Heiduk 2000). Das Krankheitsbild wird als eine Dysregulation von Neurotransmittern (Dopamin, Noradrenalin, Serotonin) angesehen. Je nach individueller diesbezüglicher Versorgung ist daraus gegebenenfalls die unterschiedliche Ausprägung des Krankheitsbildes erklärbar. Verschiedene Studien versuchen Auslöser für das Störungsbild zu finden. Ein sehr geringes Geburtsgewicht verstärkt beispielsweise das Risiko für Veränderungen der weißen Hirnsubstanz (= hypoxische Hirnschädigung). Solche Kinder entwickeln später in deutlich höherem Maße hyperkinetische Störungen als normalgewichtige Kinder (Döpfner et al. 2000). Infektionen, toxische Beeinträchtigungen (z.B. Alkohol in der Schwangerschaft) können ebenso wie genetische Parameter auf die gesunde Entwicklung des Gehirns Einfluss nehmen. Andererseits ist unser Gehirn in der Lage, Beschädigungen (kurz vor, während oder nach der Geburt) gut auszugleichen, so dass von dieser Seite nach jüngsten Forschungsergebnissen keine signifikanten Beeinträchtigungen vorliegen (Amft et al. 2002). Ein durch Tierexperimente begründeter neuer Ansatz stellt die bisherige Annahme des Dopaminmangels in Frage und setzt die Hypothese einer Dopaminüberproduktion bei ADS-Kindern entgegen. Aufgrund dieser Vermutung wäre eine Verabreichung von Methylphenidat bei Kindern, die kein stark ausgeprägtes dopaminerges System besitzen und nur ADS-ähnliche Verhaltensstörungen aufweisen, nach Hüther/Bonney (2002) gefährlich, da womöglich die Krankheitsvoraussetzungen für ein späteres Parkinson-Syndrom begünstigt würden. Auch die Frage, wie sich Ritalin, das gängige Medikament bei ADS, genau und langfristig auf das zentrale Nervensystem auswirkt, wird erneut kritisch gestellt. Sowohl Hüther und Bonney als auch Amft, Gerspach und Mattner (2002) weisen auf die neusten Erkenntnisse aus der Hirnforschung hin: Jede intensive menschliche Begegnung wirkt sich nicht nur psychisch, sondern auch biologisch aus. D.h., jede neue positive und negative im Beziehungsgeflecht des Kindes gemachte Erfahrung, die die emotionalen Zentren in seinem Gehirn in Unruhe versetzen, verankert sich strukturell im Gehirn. Umweltgifte und Lebensmittel sind bisher nicht als ADS auslösend nachgewiesen worden. Allergien können jedoch eine vorhandene Aufmerksamkeitsstörung verschlimmern (Ryffel 2000).

Erbliche Faktoren spielen nach dem aktuellen Wissensstand eine bedeutende Verursacherrolle. So belegen Recherchen bei eineiigen Zwillingen, dass sie – selbst wenn sie nach der Geburt unmittelbar getrennt wurden – im Gegensatz zu zweieiigen Paaren zu einem wesentlich höheren Prozentsatz immer beide von dem Leiden betroffen sind (Krause 1998). Molekulargenetische Untersuchungen bestimmten inzwischen einzelne Chromosomen im Erbgut, die bei der Vererbung und der Merkmalsausprägung beteiligt sein sollen. Dabei wird momentan dem Dopamin-Transport im Überträgerstoffwechsel besondere Bedeutung beigemessen. Das heißt auch, dass bei »echtem«, organisch verursachtem ADS in der Familie noch weitere Betroffene sind.

Nach Trott (2000) ist die Biologie dieser Störung sehr komplex und vermutlich nicht allein auf den gestörten Neurotransmitterstoffwechsel zurückzuführen, ebenso wenig wird sie wie andere Erkrankungen frei von anderen Störeinflüssen sein. Bis heute gibt es noch keine exakte, die letzten Fragen beantwortende allumfassende Geneseerklärung des Aufmerksamkeitsdefizitsyndroms.

Wie alle Menschen werden auch ADS-Betroffene durch ihre Erbsubstanz und Umweltfaktoren individuell beeinflusst. Die in der Sozialisation gemachten Erfahrungen respektive erlebten Formen von Lernen (Negativbeispiele: ein Zuviel an Fernsehen und Computerspielen, ein Laisser-faire-Erziehungsstil, fehlende Anforderungen) prägen mit. Das bedeutet gleichzeitig Erfreuliches im Hinblick auf eine Behandlungsmöglichkeit: Die Bedingungen, unter denen die Kinder in der Familie, im Kindergarten, in der Schule und im Freundeskreis aufwachsen und die veränderbar sind, können die Ausprägung der Auffälligkeiten erheblich mitgestalten.

Einzelne Autoren wie Thom Hartmann sehen in ADS einen aus früheren Zeiten herrührenden sinnvollen Überlebensmechanismus, ein Überbleibsel aus der natürlichen Jäger-und-Sammler-Zeit, der jedoch in einer industrialisierten Welt nachteilig ist. Es sei denn, man hat die Möglichkeit, sein Leben so einzurichten, dass man mit dem neurologischen Unterschied anstatt gegen ihn arbeitet. Das augenblicklich häufiger beobachtete Auftreten des Syndroms bei Jungen wird ebenfalls unter physiologisch-genetischem Aspekt auf stammesgeschichtlichem Hintergrund interpretiert: Männer kämpften, Kinder und Frauen stellten sich bei Gefahren tot. Ein weiterer Ansatz in der Ursachenforschung bezüglich geschlechtlicher Unterschiede untersucht zurzeit hormonelle Einflüsse. Wiederum eine Minderheit sieht in ADS überwiegend keine Krankheit, sondern ein sozial unerwünschtes Verhalten, das aus Störungen in Psychostruktur und -dynamik bzw. aus Erziehungs- oder Anpassungsproblemen resultiert. Die aufgrund neurobiologischer Störungen verursachten Aufmerksamkeitsstörungen werden von dieser Gruppe auf deutlich unter ein Prozent geschätzt, woraus man eine Unmenge an (medikamentösen) Fehlbehandlungen ableitet (Amft et al. 2002).

Differenzialdiagnostik

Die Anforderungen an heutige Kinder nehmen zu: Verstädterung, Reizüberflutung, Steigerung der Erwerbsarbeit pro Familie, Reduzierung familiärer Rückenstärkung, Patchworkfamilien, extreme Verplanung von Kindern, Überforderung und Verunsicherung durch eine liberale Erziehung, Leistungsdruck von Eltern und Schule sowie steigende gesellschaftliche Erwartungen. In den letzten Jahren wächst die Verhaltensauffälligkeit der Schüler; Leistung und Verhalten leiden verstärkt unter emotionalen Problemlagen.

Beim *echten Aufmerksamkeitsdefizitsyndrom* handelt es sich jedoch, wie bereits erwähnt, um keine rein reaktive Störung in unserer hektischen Zeit, vielmehr geht es um ein schon lang bekanntes Krankheitsbild. Es beruht laut gängiger Lehrmeinung auf einer neurobiologischen Dysfunktion. Laut WHO-Klassifikation zählt ADS zu den Störungen mit frühem Beginn in der Kindheit (Dilling 2000). Mit dem Begriff »Störung« bezeichnet man einen klinisch erkennbaren Komplex von Symptomen oder Verhaltensauffälligkeiten, die immer auf der individuellen und oft auch auf der sozialen Ebene mit Belastung und mit Beeinträchtigung von Funktionen verbunden sind.

Das Syndrom gilt international als die am besten untersuchte Verhaltens-/Lernstörung in der Kinderpsychiatrie mit inzwischen über 6.000 veröffentlichten Studien (Neuhaus 1999).

Körperliche Unruhe, Impulsivität und begrenzte Konzentrationsfähigkeit sind ganz normale Eigenschaften bei jüngeren Kindern, d.h., es sollte immer das altersgemäße Durchschnittsverhalten als Orientierung dienen. Sind jedoch diese Eigenschaften im Verhältnis zu dem, was von gleichaltrigen Kindern mit gleicher Intelligenz zu erwarten wäre, extrem ausgebildet, kann ein ADS angenommen werden. Bereits ab dem 3. Lebensjahr können bei massiver Ausprägung Syndromvermutungen angestellt werden, mit ca. 5 Jahren sind ADS-Merkmale meist deutlich sichtbar. Weniger starke Störungen machen sich mit der Einschulung bzw. ab der 3. Grundschulklasse bemerkbar. Zieht man ADS in Erwägung, muss das Syndrom länger als ½ Jahr andauern und vor dem Schuleintritt bereits vermutbar gewesen sein.

Manche Bezugspersonen sind immer wieder verunsichert, ob es sich tatsächlich um eine Störung handelt, denn in manchen Situationen treten die Schwierigkeiten vermindert oder gar nicht auf: Wenn sich die Kinder z.B. in einer neuen Umgebung befinden, wenn sie nur mit einer Person zusammen sind oder wenn sie sich einer Lieblingsbeschäftigung widmen. Auch Einzelkinder in einem ruhigen, Freiräume bietenden häuslichen Umfeld fallen oft weniger auf. Daraus darf aber nicht geschlossen werden, dass das Kind sich konzentrieren könne, wenn es nur wolle. Diese Gegebenheiten entlasten lediglich seine Selbststeuerungsproblematik. Werden jedoch Konzentration, Ausdauer und Handlungsplanung erfordernde fremdgestellte, kognitive Aufgaben in Gruppensituationen verlangt, tritt das Syndrom zu Tage und es sind massive Schulprobleme zu beobachten.

Mithilfe von Checklisten kann man sich ein erstes Bild machen, inwieweit Verhaltensmerkmale den Verdacht auf ADS nähren. Diese Fragebogen sollten jedoch nicht zu einer Art »Diagnose« für das eigene Kind oder einen Schüler verleiten, sondern vielmehr die Beobachtung weiter schärfen und gegebenenfalls zu einem Spezialisten führen, wenn auch eine »medizinische« Diagnose nicht einfach vorzunehmen ist, denn leider steht noch kein eindeutiger »Bluttest« oder dergleichen zur Verfügung. Man forscht an solchen Methoden, ist aber bislang nicht fündig geworden. Somit muss man das Kind weiterhin einer zeitaufwendigen Abklärung unterziehen, die neben einer ärztlichen Untersuchung detaillierte Beobachtungen/Tests und Informationen von Eltern sowie Lehrkräften einbezieht, um verantwortungsvoll mit den Auffälligkeiten des Kindes umzugehen.

Aus meiner beruflichen Praxis weiß ich, wie schwierig es für Eltern ist, eine kompetente Stelle für die Diagnose bzw. Ausschlussdiagnose »Aufmerksamkeitsdefizitsyndrom« zu finden. Zum einen wird die Auffälligkeit oft falsch eingeordnet, oder es wird immer wieder von nicht spezialisierten Ärzten, Psychologen und Pädagogen behauptet, das Verhalten wachse sich von alleine wieder aus, man solle sich keine Sorgen machen. »Dass dies nicht so ist, belegen folgende Zahlen über die Langzeitperspektiven der HKS-Kinder (= hyperkinetisches Syndrom = ADS mit Hyperaktivität, Anm. der Verfasserin): 80 Prozent wiederholen mindestens einmal eine Klasse, 30 Prozent werden auf die Lernbehindertenschule verwiesen, 35 Prozent auf die Sonderschule für Erziehungshilfe ... Bei 23 Prozent stellte sich im Erwachsenenalter eine ›antisoziale Persönlichkeitsstörung‹ ein. Bei persistierenden Symptomen des HKS sind also beste Voraussetzungen für eine dissoziale Entwicklung, frühe Drogenabhängigkeit und Straffälligkeit, gegeben. Wenn das kein Grund ist zu fragen ›Was *müssen* wir tun?‹« (Biegert 1998, S. 23, S. 25).

Der Kenntnisstand des Untersuchenden entscheidet über die Qualität der Diagnose. Für genaue Diagnosen, die mehrere Termine in Anspruch nehmen, sind auf ADS spezialisierte, erfahrene Kinder- und Jugendpsychiater in eigener Praxis, zum Teil kinderneurologische Zentren oder sozialpädiatrische Einrichtungen, gelegentlich auch auf dieses Fachgebiet geschulte Kinderärzte die richtige Adresse, wobei die Erkennung der ADS-Kinder ohne Hyperaktivität eine besondere Herausforderung darstellt. Die Untersuchung orientiert sich hauptsächlich an den amerikanischen diagnostischen Kriterien DSM-IV (Diagnostisches und statistisches Handbuch psychischer Störungen) und dem ICD-10 (International Classification of Diseases) der WHO (Weltgesundheitsorganisation). Nach Russel Barkley, einem führenden Wissenschaftler auf dem ADS-Gebiet, werden darin wesentliche Charakteristika jedoch nicht genau genug beschrieben; außerdem kommen seiner Meinung nach ätiologische Faktoren im Diagnoseschema zu kurz (s. Neuhaus 2000). Des Weiteren unterstützen den Diagnoseprozess spezielle Skalen, Checklisten, Tests, Fragebögen, die von einer konstitutionell abweichenden Steuerungsdynamik der zentralen Regulierungsprozesse ausgehen. Neben einer ausführlichen Anamnese, die über die bisherige Lebensgeschichte und die augenblicklichen Lebensumstände des Kindes Aufschluss gibt, einer eingehenden körperlichen Untersuchung einschließlich Feststellung des Entwicklungsstands der verschiedenen Wahrnehmungsbereiche, der Überprüfung der grob- und feinmotorischen Entwicklung müssen die Grundbegabung (Intelligenzquotient), das Gedächtnis, die Aufmerksamkeit, die Impulsivität, die emotionale Befindlichkeit, das planerische Handeln sowie der sprachliche Stand abgecheckt werden. Ca. 20 bis 40 Prozent der Kinder mit dem ADS-Syndrom haben zusätzliche Teilleistungsschwächen (perzeptorische und motorische Funktionsstörungen, Lese-Rechtschreib-Schwäche, Rechenschwäche). Dies erschwert zwar trotz normaler Intelligenz zwangsläufig das Erlernen von Kulturtechniken, sollte aber keine Begründung für den Besuch einer Sonderschule sein. Das Hochbegabtenthema tritt im Zusammenhang des Erörterungskomplexes ebenfalls auf, denn überdurchschnittlich begabte Kinder sind vom normalen Unterricht oftmals gelangweilt und können zu Verhaltensauffälligkeiten neigen. Eine enge Kooperation mit der Schule, dem Elternhaus – mancher Experte hospitiert auch dort oder lässt Videoaufnahmen machen – berücksichtigt das Verhalten des potenziellen ADS-Schülers in Gruppen und bei Leistungsanforderungen, also ob er sich adäquat zur jeweiligen Situation in seiner natürlichen Umwelt verhält. Um Anfalls- und andere hirnorganisch bedingte Leiden auszuschließen, sollte immer eine neurophysiologische Untersuchung mit dem EEG (Elektroenzephalogramm) durchgeführt werden. Obwohl ADS nach heutigem Wissensstand nicht anhand eines Hirnstrombildes diagnostiziert werden kann, zeichnen sich jedoch Forschungsergebnisse mit quantitativem EEG (computergestütztes EEG) ab, die auf Reifungsdefizite sowie eine Störung im Stirnhirnbereich hinweisen (Huss & Lehmkuhl 2000). EEG-Tests einschließlich evozierter Potenziale ergaben beim Aufmerksamkeitsdefizitsyndrom eine Vermehrung langsamer Thetaaktivität und Betawellen. Diese neurophysiologischen Veränderungen lassen sich durch eine Stimulanzienmedikation aufheben (Döpfner et al. 2000). Daraus entwickeln sich möglicherweise in Zukunft wichtige Beiträge zur ADS-Diagnostik.

Die Differenzialdiagnose muss abklären, inwieweit primär Wahrnehmungs-, Lern- oder psychosoziale Störungen das Konzentrationsdefizit bzw. die Verhaltensauffälligkeit verursachen oder ob ein genuines ADS – gegebenenfalls mit Sekundärsymptomen – vorliegt. Neben der medizinischen Analyse nehmen deshalb Kinder- und Jugendpsychiater auch psychologische Untersuchungen vor. Diese Tests sind von spezialisierten Psychologen, Erziehungsberatern oder vom schulpsychologischen Dienst ebenfalls durchführbar. Dabei geht es um das Feststellen des genauen Auffälligkeitsspektrums sowie um den Schweregrad der Symptomatik bei einer Person. Kinder können ja durchaus mit Konzentrationsproblemen auf Störungen des Kontextes reagieren, aber dann handelt es sich nicht um ein ADS, sondern um eine Reaktion auf eine Systemstörung (z.B. Verlust von Elternteilen, Vernachlässigung, Missbrauch, Ablehnung, familiäre Probleme oder Krankheiten).

Nicht selten erwächst aus einer unbehandelten primären ADS-Störung eine Sekundärsymptomatik, die meist durch einschneidende psychosoziale Probleme gekennzeichnet ist. Da ähnliches Verhalten bei ganz anderen Ursachen beobachtbar ist, sind mehrere Termine für eine seriöse Abklärung nötig. Außerdem entsteht durch verschiedene Treffen ein klareres Persönlichkeitsbild, da gerade ADS-Kinder – durch die Testsituation verstärkt – in ihrer jeweiligen Befindlichkeit und in ihrer Leistungsfähigkeit großen Schwankungen unterliegen. Vom Experten durchgeführte Untersuchungen unter Einbeziehung des Umfelds und der Bezugspersonen erlauben, ein klinisches Profil zu erstellen. Gleichzeitig sollte abgeklärt werden, inwieweit Befunde vorliegen, die gegebenenfalls eine Kontraindikation für bestimmte medikamentöse Behandlungen darstellen.

Am Ende eines sorgfältigen Diagnoseprozesses kann dann herausgefunden werden, ob es sich um ADS mit/ohne Hyperaktivität oder um eine der nachstehenden Störungen handelt: Lern- und geistige Behinderung, psychiatrische Erkrankung, schulische Über- oder Unterforderung, um Umfeldstörungen, Ängste, Depressionen oder andere affektive Störungen, um eine Schilddrüsenstoffwechselstörung oder Absence (Epilepsie).

Je fundierter und genauer die multimodale Diagnostik, die auch eine umfassende Stärken- und Schwächenbilanz liefert, erhoben wurde, umso detaillierter und gezielter kann der Behandlungsplan gestaltet werden.

Behandlungsmöglichkeiten

Auf dem inzwischen entstandenen »ADS-Markt« findet man mittlerweile die verschiedensten Behandlungsversuche. Ich bemühe mich um einen kurzen Überblick, beschreibe dann die zurzeit wissenschaftlich fundierten sowie die sich aus meiner Praxiserfahrung bewährten Methoden.

Diskurs über Behandlungsbedarf und -ansätze

Es entstehen immer wieder erhitzte Debatten über die verschiedensten Äußerungen zum Thema Aufmerksamkeitsdefizitsyndrom: Bis vor 10 Jahren wurden nur extrem auffällige Kinder diagnostiziert und behandelt. Können nun, durch unsere zunehmend hektischer werdende Zeit, auch Leichtbetroffene ihre Probleme nicht mehr kompensieren und lassen sie die Anzahl der ADS-Kinder in die Höhe schnellen? Handelt es sich also eher um die Erkrankung des Waldes (Gesellschaft) oder um eine Erkrankung eines Baumes (ADS-Kind)? Stellt dieses Syndrom eine für das Überleben nützliche Anpassungsleistung dar – ist die gesellschaftliche Entwicklung nicht gerade auf unkonventionelle, kreative Menschen angewiesen? Beeinflusst unsere gestresste Gesellschaft nicht nur die Seelen, sondern auch die Gehirne unserer Kinder – welche Zusammenhänge bestehen zwischen Nutzungsbedingungen und Ausgestaltung neuronaler Verschaltungen? Die Bindungs-(Attachment-)forschung wirft wiederum die Frage auf, welche Auswirkungen frühe Bindungsbeziehungen unterschiedlichster Qualität auf die kindliche Gehirnentwicklung haben. Versucht man vielleicht Wohlstandsverwahrlosungen mit dem Etikett »ADS« zu kaschieren? Werden psychosoziale Probleme pathologisiert, weil damit die Schuldfrage verschwindet und die Behandlung »pillenzugänglich« wird? Dürfen administrative Einrichtungen aus Nachlässigkeit bzw. Kostengründen und Konzerne aus Gewinnabsichten festlegen, was krank und wie behandelbar ist? Ritalinkritiker fragen: Wann gibt es aktuelle Verlaufsstudien, die auch über mögliche langfristige Schädigungen von Psychopharmaka Auskunft geben? Können vereinzelte Forschungsergebnisse aus Tierexperimenten, die bei Ritalinverabreichung dauerhafte Veränderungen im Gehirn hervorriefen, hypothetisch auf konzentrationsschwache Menschen mit/ohne Hyperaktivität bzw. auf Nicht-ADS-Kranke übertragen werden (Hüther in E. Hédervári-Heller 2001)? Welche Erkenntnisse bringt die amerikanische Sammelklage gegen Novartis (Hersteller von Ritalin), Chadd (Elternorganisation) und APA (American Psychiatric Association) (Abrams & Ludwig 2001)?

Verschiedene Behandlungsversuche

Schon länger gibt es verschiedene Ansätze, die Auffälligkeiten in den Griff zu bekommen. So z.B. die Erklärung, dass die heutige industrielle Erzeugung unserer Nahrung im Gegensatz zum ökologischen Anbau mit möglichst frischer Zubereitung der Lebensmittel dem Gehirn keine optimale Versorgung bietet. Über Vollwerternährung und gezielte Nahrungsergänzungsmittel (Afa-Algen; Omega-3-Fettsäuren; Zuführung von Vitamin B 6 zum Abpuffern der Glutaminsäure, die in nahezu allen Fertigprodukten zugesetzt wird und zur Unruhe führen soll) konnten einzelne Betroffene positive Erfahrungen machen (Simonsohn 2001; Spallek 2000). Derartige Behandlungsansätze sind umstritten, zumal gerade vor kurzem bezüglich der Afa-Algen eine Warnung des kanadischen Gesundheitsministeriums über mögliche toxische Wirkungen der Algen veröffentlicht wurde. Homöopathische und kinesiologische Behandlungsmethoden werden ebenfalls von einzelnen Autoren als hilfreich eingestuft (Franz 1997). Zu diesen Erklärungs- und Behandlungsmodellen liegen allerdings zurzeit keine sie bestätigenden, wissenschaftlichen Studien vor.

Verursacht »echtes« ADS das auffällige Verhalten eines Kindes, können bestimmte Stoffe zusätzlich allergische Reaktionen auslösen, die das Syndrom noch verschlimmern. Antiallergene Diäten, die sehr aufwendig in der Realisierung sind, vermögen teilweise zur Linderung der Symptome beizutragen. Laut medizinischem Urteil stellen sie jedoch nur eine begleitende, aber keine Basisbehandlung dar, da das zugrunde liegende ADS damit nicht beeinflussbar ist (Kistner 2001).

Göttinger Wissenschaftler arbeiten an einer neuen Therapie für Kinder mit ADHS (Aufmerksamkeitsdefizit-Hyperaktivitäts-Syndrom), dem Neurofeedback-Computerspiel. Dabei steuert der Spieler nicht per Hand resp. Joystick, sondern Kraft seiner Gedanken eine Spielfigur. Vor Beginn des Spiels wird das Kind an ein EEG angeschlossen. Über seine Aufmerksamkeitszuwendung bewegt es die Spielfigur. Dieses Training könnte nach einer Einführung auch zu Hause am PC stattfinden. Der benötigte EEG-Verstärker, über den der Patient an den Computer angeschlossen wäre, sei allerdings momentan noch sehr teuer und die EEG-Elektroden seien schwer anzubringen. Kinder- und Jugendpsychologen sowie Mediziner der Universität Göttingen hoffen, dass über regelmäßiges Üben an dem noch zu überprüfenden Programm die willentlich geleiteten Selbststeuerungsfähigkeiten der betroffenen 8- bis 13-Jährigen verbessert werden (Handelsblatt 2002, Deutsche Ärzte-Zeitung 2001).

In Therapien für Jugendliche und Erwachsene finden nun auch Ansätze aus dem NLP (Neurolinguistisches Programmieren) Anwendung, die Elemente zur Selbststeuerung, Mittel zum Selbst-Coaching sowie Fragetechniken als Entscheidungshilfen einsetzen.

Medikamentöse Behandlung

Innerhalb der vergangenen Jahre wurde das Thema Hyperaktivität bzw. ADS in der bundesdeutschen Öffentlichkeit zunehmend publik und die Diagnose »Aufmerksamkeitsdefizitsyndrom« wurde und wird immer häufiger gestellt. Ebenso wuchs in den letzten 5 Jahren die Verordnung von Psychostimulanzien – hauptsächlich die Präparate Ritalin oder Medikinet – in der Bundesrepublik exorbitant an. Erste Stimmen melden sich zu Wort, die die Medikamentenverordnung aus Kostengründen eindämmen möchten. Andere kritisieren berechtigterweise unverantwortliche »Zehn-Minuten-Diagnosen«, bei denen es nicht möglich ist, eine ADS-Störung festzustellen, und nach denen trotzdem Rezepte ausgestellt werden. Demgegenüber sprechen bestimmte Experten (wie beispielsweise Skrodzki [2000]) immer noch von einer starken medikamentösen Unterversorgung.

Bei vielen Kindern greifen vom Umfeld praktizierte pädagogische bzw. psychosoziale Strategien, damit ADS erst gar keine gravierende Probleme verursacht. Reichen jedoch diese Interventionen nicht aus, sollte über den ergänzenden Einsatz von Medikamenten im Einzelfall verantwortungsvoll, d.h. unter Abwägung potenzieller Risiken und Vorteile, nachgedacht werden. Entsprechend dem aktuellen Stand der Wissenschaft ist Methylphenidat seit Jahrzehnten bei ausgeprägten ADS-Fällen das Mittel der Wahl. Die Herstellerfirma von Ritalin, Novartis-Pharma, schreibt:»Methylphenidat ist ein zentralnervöses Stimulans mit ausgeprägterer Wirkung auf die mentalen als auf die motorischen Aktivitäten. Sein Wirkungsmechanismus im Menschen ist noch nicht vollständig geklärt, es wird jedoch angenommen, dass die stimulierenden Effekte auf eine kortikale Stimulation und möglicherweise auf eine Stimulation des retikulären Aktivierungssystems zurückzuführen sind. … Für eine korrekte Diagnose sind medizinische, neuropsychologische, pädagogische und soziale Umstände zu beachten. … eine medikamentöse Behandlung ist nicht bei allen Kindern mit diesem Syndrom angezeigt« (Novartis-Pharma, Ritalin-SR, Fachinformation des Arzneimittel-Kompendiums der Schweiz 2001).

Anhand des Doppel-Blind-Versuchs über 3 Wochen wird die Wirkung des Medikaments ausgetestet. Das Kind erhält aus den 3 Stoffgruppen: Placebo, Methylphenidatpräparat in schwacher Dosierung und mittlerer Dosierung, für jeweils eine Woche täglich eine Tablette. Eltern, Erzieher bzw. Lehrer müssen befragt werden, um die Wirksamkeit überhaupt feststellen zu können und um die optimale medikamentöse Einstellung herauszufinden. Spricht das Kind positiv auf das Stimulans an, beginnen erfahrene Ärzte mit einer sehr schwachen Dosierung. Damit erreicht man eine möglichst exakte Dosierung; Kind und Umfeld können sich behutsam an die Veränderungen im Erleben und Verhalten gewöhnen. Es ist nicht immer die maximale Tagesdosis entsprechend dem Körpergewicht nötig, auch kleinere Mengen sind gegebenenfalls ausreichend; für den optimalen Einstellungsprozess sollte man sich mehrere Wochen Zeit lassen. Das Medikament wirkt nur während einiger Stunden. Um eine gleichmäßige Versorgung zu erreichen, wird oftmals eine Verteilung der Tagesdosis je nach individuellen Gegebenheiten auf bis zu 5 Einnahmepunkte empfohlen. Medikamentenwecker helfen, an die Einnahme zu erinnern. Retardpräparate (z.B. Ritalin-SR) haben eine längere Wirkzeit. Die Meinungen über die Verabreichung des Medikaments gehen auseinander: Einige Ärzte empfehlen eine Pause am Wochenende und in den Ferien. Wenn man von der Unbedenklichkeit des Medikaments überzeugt ist, sollte die Medikation regelmäßig erfolgen, damit auf keinen Fall beim Rezipienten der Eindruck entsteht, dass ein Wohlverhalten nur dann eintritt, wenn eine Pille verabreicht wird. Manche Ärzte raten von einer Unterbrechung der Medikation ab, da Lernen nicht nur in der Schule geschieht und das Aussetzen zur Verhaltensverschlechterung sowie zu biologischen unerwünschten Nebenwirkungen führen kann.

Die Begleitung und Beratung der Eltern nimmt bei der medikamentösen Therapie einen hohen Stellenwert ein. Eine verhaltenstherapeutische Behandlung des Kindes sowie Übungsbehandlungen zur Förderung in den defizitären Bereichen erwiesen sich als hilfreich, denn Medikamente lehren keine neuen Fertigkeiten. Obwohl noch viele Unklarheiten über das genaue Wirkungsgefüge im Gehirn bestehen, erreichen richtig angewandte Stimulanzien bei mindestens 70 Prozent der ADS-Betroffenen Erfolge.

Die Behandlung mit Methylphenidat kann die Konzentrationsleistung, die Hyperaktivität resp. Motorik (einschließlich Handschrift), das impulsive Verhalten und damit die Interaktion verbessern und schafft bei massiven Ausprägungsformen erst die Voraussetzung für pädagogisch-psychotherapeutische Behandlungen, die zu positiven Veränderungen im Leistungs- und Verhaltensbereich führen.

Die auf Stimulanzien ansprechenden Kinder nehmen differenzierter wahr und gehen leichter an eine mühsam erscheinende Aufgabe heran, ihre Aufnahmebereitschaft steigt, Wachheit und Stimmung werden gleichmäßiger, das gedankliche Abdriften reduziert sich, Informationsverarbeitung und Selbstkontrolle werden verbessert. Falls das bei einigen Kindern auftretende Einnässen nicht psychogen bedingt ist, spricht es häufig auch auf eine Stimulanzientherapie an.

Klinische Daten weisen darauf hin: Menschen, welche als Kinder Ritalin einnahmen, sind nicht gefährdeter als andere Jugendliche oder Erwachsene, Substanzen zu missbrauchen. Die Frage nach der Abhängigkeit wird in der Fachliteratur verneint. Vielmehr – so eine US-Studie der Harvard-Universität 1999 und eine deutsche Studie an den Universitätskliniken Berlin, Frankfurt und Köln (s. Psychologie Heute, 3/2001) – bestünde die Gefahr, dass nicht behandelte ADS-Kinder häufiger im späteren Leben eine »Suchtkarriere« einschlügen – evtl. im Sinne einer Selbstmedikation – als gezielt medikamentös Behandelte. Man geht davon aus, dass die Letztgenannten stabilere, erfolgreichere Persönlichkeiten wurden.

Während der Einnahme müssen Verlaufskontrollen, die Nebenwirkungen berücksichtigen, erfolgen. Mindestens zwei Mal pro Jahr sollen Längenwachstum, Gewicht, Blutdruck, Puls und das Blut mit einem differenzierten Blutbild einschl. Leber- und Nierenfunktion überwacht werden, auch ein EKG (Elektrokardiogramm) wird empfohlen. Mit Psychosen, schweren Depressionen und Angstzuständen, Herzrhythmusstörungen, Bluthochdruck, Glaukom, Schilddrüsenüberfunktion, Anfallsleiden, Tics, Tourette-Syndrom behaftete Kinder und Kinder unter 6 Jahren sollten das Medikament nicht bzw. nur mit äußerster Vorsicht unter ärztlicher Aufsicht (ggf. stationär) einnehmen. Entgegen dieser gängigen Lehrmeinung sieht Trott (2000) Anfallsleiden und Tics nicht als absolute Kontraindikation. Bei Unverträglichkeit der Methylphenidatpräparate stehen weitere Psychopharmaka zur Verfügung, die Linderung beim Aufmerksamkeitsdefizitsyndrom schaffen können. Deren Auswahl bzw. Verordnung sollte aufgrund von z. T. stärkeren Nebenwirkungen durch einen sehr erfahrenen spezialisierten Psychiater verantwortungsvoll abgewogen werden.

Im Abstand von 6 bis 12 Monaten empfiehlt man, das Medikament abzusetzen (Auslassversuch von 1 bis 2 Wochen), um den Gesamtzustand des Kindes zu überprüfen. Zumal es gelegentlich möglich ist, dass die symptomatische Besserung bestehen bleibt, wenn das Medikament reduziert oder nach Monaten oder Jahren der Medikation nicht mehr eingenommen wird. Eine Hypothese dazu lautet, dass Nervenzellen durch Lernprozesse neue Strukturen im Gehirn knüpfen, die dann zum Beispiel die Selektion von Reizen übernehmen können. Im Gegensatz zu der landläufigen Meinung, dass ADS grundsätzlich nicht behebbar sei, gibt es neuerdings vereinzelte Berichte, die behaupten, die

Symptome des ADS können bei einigen Kindern nach Methyl-phenidatbehandlungen ausheilen; die genetische Komponente bleibt jedoch bestehen (Spallek 2000).

An verschiedenen Institutionen in der Bundesrepublik Deutschland laufen Studien, die über somatische Diagnose- und Behandlungsmöglichkeiten forschen, wobei häufig das dopami-nerge, serotonerge und adrenerge System im Mittelpunkt stehen. In diesem Zusammenhang werden zu dem hauptsächlich im Dopaminbereich wirkenden Ritalin vermutlich in 2002 oder 2003 neue Retardpräparate und Medikamente, die z.B. im Adre-nalinbereich eingreifen – evtl. für Betroffene, bei denen Ritalin keine Hilfe darstellt –, auf den Markt kommen.

Pädagogisch-psychologische Behandlungsformen sowie Übungsbehandlungen

Wie bereits ausgeführt, gibt es eine große Bandbreite von ADS-Erscheinungsformen: Das Behandlungskonzept für Eltern und Kind muss immer individuell erstellt werden und sich an den Stärken bzw. Schwächen sowie der jeweiligen Ausprägung des Syndroms des betreffenden Kindes orientieren. Besonders be-gabte Kinder mit einer weniger starken Auffälligkeit können ihre Probleme zum Teil gut ausgleichen, so dass nur eine leichtere Störung beobachtbar ist. Aber die Syndrombildung weist auch mittelschwere und massive Ausprägungen auf. Bei erheblichen Beeinträchtigungen mit Sekundärerkrankungen drohen see-lische Schäden und Einschränkung der Persönlichkeitsentwick-lung, d.h., es gibt vehemente Probleme in der Alltagsbewälti-gung und beim Lernen. In einem solchen Fall zeigt die Bildung von Sekundärsymptomen, dass eine fundierte Diagnose meist zu spät erstellt wurde. Nun gilt es, mit gemeinsamer Anstren-gung aller Bezugspersonen und unter Hinzuziehung kompeten-ter Fachleute dem betroffenen Kind umgehend gezielt zu helfen.

Selbst wenn Medikamente greifen, sollten darüber hinaus ge-eignete pädagogisch-psychologische Behandlungsansätze ge-nutzt werden, um schulische Leistungsverbesserung und Verhaltensänderung zu erreichen und nachhaltig zu sichern. Es geht immer um Veränderungsprozesse beim Kind und bei den Bezugspersonen in seinem Umfeld.

Wurde bei einem Schüler ADS diagnostiziert, sind alle Familienmitglieder und engere Kontaktpersonen, nicht zuletzt das Kind, über die Krankheit zu informieren. Dem Betroffenen sollte vorsichtig klar gemacht werden: Es ist nicht schlimm, ADS zu haben, man muss nur lernen, damit richtig umzugehen. Die Reflexion des eigenen Verhaltens fällt den Personen mit ADS schwer, da sie einen anderen Wahrnehmungsstil haben. Übliche Erziehungs- und Behandlungsversuche, beispielsweise durch penetrantes Schimpfen, stellen keine große Hilfe dar. Vielmehr müssen systematisch Verhaltensänderungen angestrebt werden, die das Kind befähigen, in Zukunft sein Verhalten steuern zu lernen. Über vereinbarte Regeln und einen konsequenten Erziehungsstil erfolgt schrittweise der Aufbau konkreter Handlungsalternativen. Auch eine von den Eltern erstellte Liste der positiven Eigenschaften ihres Kindes kann Licht in den Alltagsstress bringen. Das Loben und eine Bekräftigung der starken Seiten des Kindes unterstützen das wichtige Selbstbewusstsein. Genauso nötig braucht das Kind das Gefühl, geliebt und angenommen zu werden.

Die Hirnforschung hält fest, dass das Gehirn bei der Geburt noch nicht ausgereift ist, sondern sich ständig neu strukturiert, abhängig vom Erlebten. Es nimmt besonders das auf, was vom betreffenden Menschen als wichtig erachtet wird. Diese Bewertung erfolgt überwiegend aus dem Gedächtnis. Daraus lässt sich ableiten: Therapien bzw. Menschen wirken, wenn sie für das Kind Bedeutung haben.

Verhaltenstherapie scheint die optimale psychotherapeutische Behandlungsform für ADS-Kinder zu sein. Ziel einer solchen kognitiv behavioristischen Intervention ist eine Verhaltensänderung, d.h., das ADS-Kind und seine Eltern lernen, sich in bestimmten Situationen angemessen zu verhalten. Der Schüler übt, sich und sein Verhalten bewusster wahrzunehmen und zu steuern. Für unerwünschtes Verhalten bekommt er keine oder eine unangenehme Rückmeldung. Eine erfreuliche Handlung des Kindes erhält eine positive Rückmeldung (z.B. eine Belohnung – Punktesystem – Lob) und wird zur angenehmen Erinnerung. So lernt es das gewünschte Verhalten. Mit der Zeit können Belohnungen ausgeblendet werden. Zu diesem Arbeitsansatz gehört es, die Trainingserfolge der Therapie in den Alltag zu transferieren. Der Therapeut entwickelt in Kooperation mit den Eltern Strategien und Strukturen, die helfen, den Alltag besser zu organisieren und ein harmonischeres Zusammenleben zu erreichen.

Ein wesentlicher Faktor im Wirkungsgefüge einer Therapie ist ein guter Draht zwischen dem Schüler und dem Therapeuten; trotz der damit verbundenen Mühen sollte man im Hinblick auf die Behandlungseffizienz bei Bedarf einen Therapeutenwechsel nicht scheuen. Leider ist die Versorgung mit solchen Behandlungsangeboten in der BRD noch sehr dürftig. Aufgrund dieser Not nehmen Eltern neuerdings sogar lange Fahrtzeiten in Kauf, um sich selbst zu schulen und danach ihre Kinder anleiten zu können.

Ein frühzeitiges Eingreifen bei der ADS-Problematik erlaubt, Negativerfahrungen der Kinder so gering wie möglich zu halten und die positiven Seiten gezielt zu fördern. Ansonsten besteht die Gefahr, dass sich Sekundärsymptome bilden und eine Behandlung weiter erschwert wird. Das bedeutet, dass das Kind in extremen Fällen oft zunächst eine Spieltherapie benötigt, um wieder emotional aufgebaut zu werden, bevor eine gezielte Behandlung des Aufmerksamkeitsdefizitsyndroms erfolgen kann. Eine Spieltherapie, die meist tiefenpsychologisch und nondirektiv orientiert ist, zählt jedoch bei der Behandlung eines primären, ausschließlichen Aufmerksamkeitsdefizitsyndroms nicht zur ersten Wahl. Es gibt verschiedene Arten von Familientherapien, bei denen es um die Analyse und Veränderung von familiären Beziehungsproblemen geht. Von daher sind auch sie nicht für eine ursprüngliche ADS-Behandlung prädestiniert. Sie könnten aber bei der Bearbeitung der Sekundärproblematik in Frage kommen.

Der Büchermarkt bietet eine Menge an Konzentrationstrainingsprogrammen. Bei der Auswahl sollten möglichst ADS-spezifische Programme Berücksichtigung finden, die auch Transferaspekte für den Alltag beinhalten (s. Anhang).

Das Selbstinstruktionstraining nach Ingeborg Wagner (Wagner 1976, 2002) bietet nach meinen Erfahrungen die Möglichkeit, das ADS-Kind an selbststeuerndes Verhalten heranzuführen, indem es Prinzipien erlernen kann, die zu Innehalten und planendem Vorgehen anregen sowie auf die verschiedensten Situationen übertragbar sind (siehe auch den Abschnitt »Selbstinstruktions- und Strategietraining«, S. 102).

Da Legasthenie sowie Dyskalkulie nicht selten mit ADS gekoppelt sind, können selbstständig arbeitende Lerntherapeuten zur Bearbeitung dieses Handikaps hilfreich sein.

Aufmerksamkeitsstörungen sind auch immer wieder mit sensorischen Integrationsstörungen, Koordinations- sowie Sprachproblemen gekoppelt, weshalb viele Kinder logopädische Praxen, Bewegungs- (Mototherapie bzw. Psychomotorik, Krankengymnastik) und Beschäftigungs-(Ergo-)Therapien besuchen. Diese Übungsbehandlungen fokussieren komplexe Wirkungsgefüge, die auf den Systemen des Haut-, Kraft- (Tonusregulation) und des Gleichgewichtssinns fußen. Lernen und Entwicklung im sensorischen Bereich stehen demgemäß in engem Zusammenhang mit grundlegenden Erfahrungen. Es geht dabei um die Bearbeitung von Funktionsstörungen in bestimmten Entwicklungsbereichen. Das Durchführen von Handlungen trainiert das neuronale Netzwerk, die Informationsaufnahme und -verarbeitung, und schafft mit der Zeit immer sicherere und damit schnellere Verbindungen. Sensorische Integrationsstörungen sollten möglichst früh behandelt werden. Ich bin immer wieder betroffen, wie selten das geschieht, obwohl Eltern regelmäßig Kinderärzte konsultieren und die Vorsorgeuntersuchungen durchführen lassen. Diesbezügliche Therapien (Würzburger

Trainingsprogramm zur Legasthenie-Prophylaxe, Logopädie, Krankengymnastik, Mototherapie, Ergotherapie), verbunden mit einer gezielten Elternberatung, können, wenn sie so zeitig wie nur möglich im Vorschulalter angewandt werden, die Kinder vor Frustrationen und Ausgrenzung schützen.

Eine durch ein klares Regelwerk strukturierte Sportart oder eine Freizeitgruppe (Judo, [therapeutisches] Reiten, Tischtennis, Angeln, Pfadfinder, Jugendfeuerwehr, Jugendrotkreuz oder dgl.) mit einem ADS-vertrauten, konsequenten Übungsleiter macht unter Berücksichtigung individueller Neigungen und Syndromausprägungen Sinn. Durch die Freude am Tun akzeptiert das Kind bereitwilliger Regeln und es erhält Kontaktmöglichkeiten; neben dem Funktionstraining wird das Sozialverhalten aufgebaut. Um dem Schüler eine Vorstellung zu vermitteln und ihm die Entscheidung, regelmäßig an einem Kurs teilzunehmen, zu erleichtern, sind Schnupperangebote oder ein mindestens dreimaliger Besuch eines Trainings hilfreich. Unabhängig davon sollten ADS-Kinder eine tägliche Bewegungszeit zur Reduktion ihres Bewegungsdrangs erhalten.

Bei Entspannungsübungen empfiehlt sich, statt des autogenen Trainings, bei dem die Vigilanz zu weit absinkt (Fortbildungsveranstaltung bei Cordula Neuhaus 2001), die progressive Muskelrelaxation nach Jakobson zu bevorzugen. Sie trainiert die Selbststeuerung und kann bei geübten Kindern ein angenehmes somatisches und mentales Gefühl sowie eine größere Bereitschaft für anschließendes konzentratives Arbeiten bewirken; sie nimmt auf das Verhalten einen ausgleichenden, stabilisierenden Einfluss.

Einen wichtigen Beitrag zur Verhaltensänderung können die nun endlich öfter angebotenen Elterntrainings sein. Bei den von mir geleiteten Treffen erlebe ich nicht nur die Unsicherheit und Überlastung der Eltern, sondern auch die Bedeutung der Selbst- und Fremdbeobachtungsschulung, der systematischen Analyse von Reiz-Reaktions-Mustern, der Vermittlung einer positiven Sicht des Kindes, der Strukturierung des Alltags und der Stärkung des Selbstwertgefühls aller Familienmitglieder.

Die Prognose für den Verlauf eines Aufmerksamkeitsdefizitsyndroms mit oder ohne Hyperaktivität ist umso besser, je früher mit der oft langwierigen Therapie begonnen wird und je weniger sich eine negative Eltern-Kind-Beziehung und Fehlverhalten verhärtet haben. Am effektivsten war bisher in Langzeitstudien die Kombination aus medikamentöser sowie verhaltenstherapeutischer Behandlung. Eine aktuelle Studie kam zu dem Ergebnis, dass eine medikamentöse Behandlung die späteren Lebensaussichten der betroffenen Kinder nachhaltig verbessern kann, positiv – wenn auch mit geringerem Effekt – wirkte nach der Untersuchung von Huss auch eine begleitende Ergotherapie (s. Spalleck 2000). Immer wieder wird darauf hingewiesen, zunächst über Psychopharmaka die Fehlregulationen des Gehirns zu beheben, damit die Betroffenen selbst entscheiden und auch Therapien greifen können. Mittelüberdauernde Effekte werden durch die Kombination mit pädagogisch-psychotherapeutischen Maßnahmen erreicht. Ein geeigneter Coach hilft, die Symptomatik zu verbessern; dazu bedarf es des persönlichen, konsequenten und immer wieder erneuten Einsatzes an der Seite des Kindes, Jugendlichen oder Erwachsenen.

Die Finanzierung der vielfältigen ambulanten Therapien erfolgt in der Regel auf Krankenschein, wobei in letzter Zeit bedauerlicherweise Einsparungstendenzen vereinzelt spürbar werden. In extremen Fällen ermöglicht man eine teilstationäre oder multimodale stationäre Behandlung. Um das Kinderrecht auf Entwicklungsförderung und auf Erziehung laut Kinder- und Jugendhilfegesetz einzulösen, erhält die Familie in schwierigen Lebenssituationen gegebenenfalls Unterstützung. Dringend notwendige Begleitmaßnahmen – z.B. die stundenweise Betreuung des ADS-Kindes in der Familie bei Störungen des Sozialverhaltens, vom Jugendamt anerkannte Lerntherapien bei Teilleistungsstörungen wie Legasthenie und Dyskalkulie – können, wenn z.T. auch recht mühsam, über das Jugendamt abgerechnet werden (§ 35a BSG VIII: »drohende seelische Behinderung«).

Auch der Selbsthilfeansatz darf nicht außer Acht gelassen werden. Manche Eltern schaffen es, durch die Bearbeitung von

Selbsthilfeprogrammen (s. Anhang), durch Informationen aus dem Internet (s. Anhang) oder durch den Besuch von Elternseminaren mit dem ADS-Kind besser zurechtzukommen.

Elterninitiativen und Selbsthilfegruppen können meines Erachtens eine große Hilfe in der Bewältigung des Aufmerksamkeitsdefizitsyndroms sein. Viele Eltern erlebten lange, durch Gleichgültigkeit, Abweisung und Inkompetenz gekennzeichnete, frustrierende Odysseen durch Institutionen, brachten viele Jahre schwierigen Familienlebens oder sogar eine Scheidung hinter sich. Betroffene Erwachsene verstehen sich selbst nicht und werden missverstanden. Sie alle brauchen vorurteilsfreie Zuhörer, möchten mit Fachleuten ins Gespräch kommen, suchen einschlägige Informationen, Trost, Lebens- und Lernhilfen vor Ort. Darüber hinaus stellt der Zusammenschluss von Regionalgruppen zu Bundesverbänden eine Chance dar, auch internationale Kontakte zu pflegen, sich über innovative Ansätze auszutauschen und politischen Einfluss über diese Interessenvertretungen zu nehmen.

Zusammenfassend geht es um folgende Überlegungen: Wurde nach einer soliden Differenzialdiagnose ADS möglichst frühzeitig festgestellt, sollte eine umgehende Behandlung nicht nur den Leidensweg eines Kindes verhindern oder zumindest verkürzen, sondern auch die Chance eröffnen, dass sich die Nervenzellen durch Lernen optimaler »verkabeln« lassen. Wobei es vorrangig nicht um erläuterndes Reden geht, denn nur ein regelmäßig selbst ausgeführtes, wiederholendes Üben von Verhaltensweisen führt bei Kind und Eltern zu deren Verankerung und abrufbaren Routinen.

Internationale Studien weisen in letzter Zeit vermehrt darauf hin, wie bedeutend die Beratung – unter Umständen auch eine Eigentherapie – für die Kontaktpersonen des ADS-Kindes sind. Sie betonen die Arbeit *für* das Kind vor der Arbeit *mit* dem Kind, denn es hat sich deutlich gezeigt, dass das Verhalten der Kinder in engem Bezug zu der Beziehungsqualität und dem Umgang der Bezugspersonen bzw. den Reaktionen des Umfeldes steht. Ein von den Bezugspersonen klar strukturierter Alltag, das Gefühl, angenommen zu sein, und eine konsequente Erziehung sind das A und O einer ADS-Behandlung.

Therapie sollte also immer in einem Netzwerk derer geschehen, die mit dem Kind Kontakt haben: Ein respektvolles Miteinander von Eltern und Professionellen zum Wohle des Kindes ist die Devise. In der Regel wird eine Kombination von Maßnahmen, eine multimodale Therapie, erforderlich sein, um wirkungsvoll zu helfen: Was können die Familie, der Kindergarten, die Schule unternehmen? Benötigt das Kind eine Verhaltenstherapie, eine Übungsbehandlung oder die Förderung durch einen Lerntherapeuten? Machen Medikamente Sinn? Nach diesen Überlegungen sind realistische Behandlungs(teil)ziele bis zu einem bestimmten Zeitpunkt festzulegen. In vereinbarten Intervallen erfolgt die gemeinsame Überprüfung der Entwicklungsfortschritte in Form einer qualitätssichernden Zwischenkontrolle und unter Berücksichtigung aktueller Probleme. Ohne liebevolle Zuwendung greift allerdings der perfekteste Plan nicht. In diesem meist langwierigen und kräfteraubenden Prozess benötigen vor allem auch die Eltern immer wieder viel Zuspruch, damit sie die unabdingbare Geduld und Konsequenz aufbringen, um nach mancher Durststrecke doch noch den Erfolg ihrer Bemühungen an ihrem Kind zu erleben.

Schauen wir über den bundesdeutschen Tellerrand, dann gibt es in Europa schon viele nachahmenswerte Ansätze. In der Schweiz sind runde Tische, an denen sich auch Therapeuten einfinden, für ADS-Schüler im Schulsystem schon lange eingerichtet. In den skandinavischen Ländern darf eine medikamentöse Behandlung erst erfolgen, wenn alle psychotherapeutischen Maßnahmen einschließlich der Familienarbeit erfolglos blieben. Nur Ärzten mit entsprechender kinderneurologischer, psychiatrischer und psychotherapeutischer Fachkompetenz ist es erlaubt, Anträge für eine Stimulanzienbehandlung zu stellen, die die Lebenssituation des Kindes umfassend berücksichtigen müssen. Darüber hinaus müssen pädagogisch-psychologische Bemühungen parallel zur Arzneibehandlung durchgeführt werden. Behandlungsauswirkungen sind fortlaufend zu dokumentieren. Falls nach einem Jahr die medikamentöse Weiterbehandlung bei der die Lizenz erteilenden Behörde beantragt wird, sind sämtliche Daten zur Verfügung zu stellen (Hüther & Bonney 2000). Schulpsychologen begleiten in Dänemark ADS-Kinder und -Jugendliche von der Vorklasse bis in den Arbeitsprozess (Kraft 2000). Norwegen und die Niederlande verfügen über hervorragende Versorgungssysteme im kinder- und jugendpsychiatrischen Bereich (Altherr 2000). Gäbe es in der Bundesrepublik für Konzentrationsbeeinträchtigte genügend qualifizierte und erfahrene Diagnostiker, Berater, Therapeuten sowie die Bereitstellung finanzieller Ressourcen, trüge dies vermutlich auch zum Rückgang von Psychopharmakaverordnungen bei.

An dieser Stelle muss die Forderung nach kompetenten Therapieangeboten gestellt werden, die flächendeckend und ohne lange Wartezeiten den Hilfe Suchenden zur Verfügung zu stehen haben.

2. Kapitel
ADS-Kinder mit und ohne Hyperaktivität in der Schule

Ein Kind unserer Tage, das häufig schon einen mit belastenden Lebenserfahrungen gefüllten Rucksack trägt, das in vielen Fällen weniger sinnliche Anregungen und Anforderungen in den ersten Lebensjahren erhält, das durch schnelle und hochstimulierende Dauerreize von Fernsehen, Video-/Computerspielen und Actionprogrammen geprägt wurde, betritt eine öffentliche Schule. Für manche Kinder ist dieser vergleichsweise reizarme Raum eine Wohltat, für andere eher eine langweilige Angelegenheit. Diese »zivilisatorisch wirksamen Trainingszentren« (Mattner 2000) nehmen die Schulanfänger in eine mehr und mehr heterogene Lerngruppe auf. Ein Zweitklässler mit ADS verfügt über die Konzentrationsleistung eines normgesteuerten 5- bis 6-Jährigen, da ADS-Kinder meist nur ca. dreißig Prozent der altersgemäßen Konzentration aufbringen können. Die von der Schule geforderten Anpassungsleistungen in Feinmotorik, gerichteter Konzentration, visueller und auditiver Daueraufmerksamkeit, selbstständiger Umsetzung bis hin zur sozialen Integrationsfähigkeit stellen für ADS-Kinder ein oft kaum lösbares Aufgabenbündel dar. 9 von 10 ADS-Kindern bleiben in ihrer schulischen Entwicklung hinter ihren intellektuellen Möglichkeiten zurück, nicht wenige landen schon in der Grundschulzeit in einer Förderschule. ⇐

ADS-Kinder im Unterricht

Wie verhalten sich ADS-Kinder mit Hyperaktivität oder ADS-Kinder ohne Hyperaktivität im Unterricht? Durch welches Verhalten werden Lehrerinnen und Lehrer auf ein Aufmerksamkeitsdefizitsyndrom hingewiesen?

Trotz großer Anstrengung gelingt es den Schülern mit ADS häufig nicht, gestellte Aufgaben zu bewältigen. Man glaubt es kaum: Ein und dieselbe Aufgabe wird einmal gelöst und beim nächsten Mal nicht geschafft, was durch ihre Konzentrationsstörung, aber nicht durch eine Leistungsverweigerung der Kinder zu erklären ist. Wie schmerzlich muss gerade für diese tendenziell ehrgeizigen und sogar perfektionistischen Schüler der Widerspruch zwischen Erwartung und Wirklichkeit sein! Das zumindest anfänglich starke Bemühen ist bei genauer Beobachtung durchaus wahrnehmbar. Allerdings kaschieren einige Kinder die Angst vor Versagen mit einer gewissen betonten Lustlosigkeit, die später durch die oft unendliche Frustrationserfahrung auch tatsächlich eintreten kann.

Wenn es »langweilig« ist, werden ADS-Kinder besonders unruhig. Das sehr wechselhafte Verhalten – diese Kinder können sich durchaus bei neuen oder »reizvollen« bzw. sie sehr interessierenden Tätigkeiten längere Zeit ruhig und konzentriert verhalten – kann zu der Fehleinschätzung führen: »Sie können, wenn sie nur wollen.« Dem ist leider nicht so, denn ihr Problem heißt *Selbststeuerung*. Entsprechend bedeutend ist die *Außensteuerung*, die Art des Umgangs mit ihnen und die Gestaltung des Umfelds. Im vertrauten Klassenzimmer mit strukturiertem Unterricht beim Klassenlehrer, der eine gute Beziehung zum Kind hat, treten im Allgemeinen weniger Probleme auf als bei Fachlehrern mit anderen Unterrichtsbedingungen oder in weniger strukturierten Situationen (Pause, Umkleidekabine, Bus, Unterrichtsgänge, Schullandheim). Das Aufmerksamkeitsdefizitsyndrom stellt eine pädagogische Herausforderung dar.

Ermahnungen werden schnell vergessen. Es fällt den Kindern schwer, aus begangenen Fehlern zu lernen, und sie haben Mühe, Handlungsstrategien zu entwickeln. Diese Kinder bleiben nicht bei der Sache und neigen dazu, Aufgaben nicht zu Ende zu führen. Vielerlei Geräusche und Bewegungen können produziert werden. Die Kinder schwätzen, singen, pfeifen und produzieren andere Töne; sie kratzen, klopfen auf der Bank, rascheln mit Papier; Dinge fallen um oder herunter; Radierer werden kleingepopelt, Bleistifte angenagt, Tische bemalt; die Kinder spazieren herum, kippeln mit dem Stuhl, hüpfen, führen seltsame Verrenkungen aus; nuckeln, kauen an ihren Nägeln, beschäftigen sich spielerisch mit den eigenen Fingern, Haaren und Kleidungsstücken; sie stören andere Personen. Über Kleinigkeiten und Routinen fangen ADS-Kinder gern Streit an, der bei fehlenden Regeln oder inkonsequentem Verhalten in Dauerdiskussionen münden kann. Sie reden dazwischen und rufen spontan ins Unterrichtsgeschehen, ohne sich vorher zu melden. Ein Schulanfänger mit stark ausgeprägtem ADS fragte mich kürzlich: »Was bedeutet eigentlich ›nachdenken‹?« Im Gespräch wurde deutlich, dass er bereits alles – was in ihm kunterbunt aufsteigt – mitgeteilt hat, wenn er innehält, um »nachzudenken«. Die Kontinuität eines Denkprozesses wird immer wieder durch Sprunghaftigkeit, Impulsivität und überraschend hoch kommende Assoziationen unterbrochen. Das sehr schnelle und unüberlegte Antworten führt oftmals zu Missverständnissen bzw. fehlerhaften Ergebnissen. Ebenso impulsiv ist der Arbeitsstil beim schriftlichen Tun; man wägt nicht ab, bevor man etwas zu Papier bringt. Das Einhalten von Regeln fällt den aufmerksamkeitsgestörten Kindern schwer. Mit steigender Anforderung an Ausdauer und Gründlichkeit spürt das Kind, dass es versagt, obwohl es sich doch so viel Mühe gibt und es den Erwachsenen recht machen möchte. Mit zunehmenden Fehlern bzw. Frustrationserlebnissen entsteht ein Teufelskreis, aus dem das Kind keinen Ausweg sieht.

Ihre intuitiven Fähigkeiten und ihre Sensibilität versetzen ADS-Schüler häufig in die Lage, Situationen und vor allem Menschen extrem schnell einzuschätzen. Im Zuge ihrer inneren Gegensätzlichkeiten zeigen sie gleichwohl in der *sozial-kognitiven Entwicklung* Defizite. Sie tun sich u.a. schwer, nonverbal – z.B. über die Mimik – Ausgedrücktes rasch zu entschlüsseln oder sich gar auf diesem Weg mitzuteilen. Die zwischenmenschliche Kommunikation erfolgt zu 80 Prozent nonverbal. Durch den punktuellen bzw. oberflächlichen Wahrnehmungsstil lässt sich leicht ermessen, dass viele Informationen auf der Strecke bleiben oder missdeutet werden. Ihre Verbalisationen – besonders in

Konfliktsituationen – fallen vielfach derb, unvermittelt, mit einem Touch von Unbeholfenheit aus. Manches ADS-Kind neigt zum Dauermotzen, greift auch zu fäkalsprachlichen oder sexistischen Ausdrücken, die es in der Regel nicht von zu Hause kennt – es schnappt eben gern alles Interessante aus der Umgebung auf. Wobei diese Äußerungen nicht absichtlich gegen jemanden gerichtet sind, sondern vor allem ungesteuerte Unmutsentladungen darstellen. Nicht selten resultieren aus schulischen Misserfolgen Unzulänglichkeitsgefühle, die sich in oppositionellem Verhalten ausdrücken. Das Herstellen aufregender, aggressiv gefärbter Situationen bereitet den Kindern Spaß, und sie finden sie auch noch komisch: andere Kinder mit Bleistiftspitzen pieksen, sie stoßen, kratzen, bespucken, ihnen ein Bein stellen. Da das Abschätzen eigener Handlungen weniger gut gelingt, treten aggressive Tendenzen zu Tage, die nicht unbedingt als solche beabsichtigt waren. Hinzu kommt, dass die Kinder überwiegend auf den ersten Impuls hin handeln. Meistens bedauern sie ihr Verhalten im Nachhinein; allerdings gelingt es ihnen kaum, von alleine beim nächsten Konflikt kontrollierter zu reagieren, denn sie können durch einen minimalen Anlass – »er hat mich blöd angeguckt« – in ein Stimmungschaos geraten. Ihr ausgeprägter Gerechtigkeitssinn ahndet unerbittlich jedes ihnen entgegengebrachte Fehlverhalten – teilweise zeitlich versetzt, so dass es für Betrachter oft zusammenhanglos erscheint und von daher zu neuen Auseinandersetzungen führen kann. Wenn für Kinder mit ADS eine Angelegenheit bereinigt ist, können sie wieder unbefangen mit anderen umgehen, ohne nachtragend zu sein. Sie versuchen beim Spielen gern eine leitende Rolle einzunehmen, um den Spielverlauf nach den eigenen Vorstellungen zu gestalten. Die Unfähigkeit, Dinge zu ertragen, die einem gegen den Strich gehen, sowie eine geringe Frustrationstoleranz führen gelegentlich zu Wutausbrüchen. Appellierendes Moralisieren mögen sie ebenso wenig wie Verhaltensvorschriften. Meist lassen sich diese Kinder auch noch leicht provozieren und zeigen Überreaktionen. Ihr Gerechtigkeitssinn kann bei oberflächlicher Betrachtung als Streitsüchtigkeit wahrgenommen werden und führt mit der Tendenz zum Raufen und Schlagen zu unerwünschtem Sozialverhalten.

Die Kombination aus Impulsivität und geringer Frustrationstoleranz stellt eine brisante Mischung im Hinblick auf ein harmonisches Zusammenleben dar, zumal ein distanziertes, selbstkritisches Beurteilen von Situationen meistens nur mithilfe von Außenstehenden nach zeitlichem Abstand möglich ist. D.h., diese Kinder ecken oft an und werden beispielsweise kaum zu Geburtstagsfeiern eingeladen. Durch Gefühlsschwankungen, Irritierbarkeit, Empfindlichkeit gegenüber Kritik, Erregbarkeit und seelische Entwicklungsverzögerungen darf das Kind nicht mit Gleichaltrigen verglichen werden. Beim Spielen bevorzugen sie vielfach Ältere oder Jüngere, vermutlich verschont sie das vor einem direkten Vergleich mit Altersgenossen und drückt ihre Tendenz zur emotionalen Unreife bzw. Spätentwicklung aus. Trotz ihres wilden Auftretens sind ADS-Kinder häufig ängstlich, einige neigen zum »Klammern«, wollen nicht alleine bleiben und verweigern beispielsweise ärztliche Untersuchungen. Obwohl es ihnen so schwer fällt, für sich selbst Verantwortung zu übernehmen, sind viele in der Lage, gern und relativ zuverlässig für Jüngere oder auch Behinderte verantwortlich zu sein.

Die seelische Entwicklungsverzögerung kann bis ins junge Erwachsenenalter anhalten, das bedeutet, Gefühle und Impulsivität dominieren, es liegt eine leichte Beeinflussbarkeit vor und umsichtiges Handeln setzt später ein. Von daher sind die Betroffenen länger als Gleichaltrige auf die Unterstützung wohl wollender Coaches angewiesen. Diese Kinder haben es schwer, Ansehen in einer gleichaltrigen Gemeinschaft zu erlangen, deshalb kommt es nicht selten vor, dass sie kompensatorisch in die Clown- oder Klassenkasperrolle schlüpfen.

Sie »überfallen« andere, sie selbst wollen aber nicht überrumpelt werden. So benötigen sie Vorbereitungen für Veränderungen, um nicht überfordert zu werden und um nicht gegebenenfalls auszurasten. Frühzeitige Ankündigungen und das vorherige gedankliche Durchspielen von Neuem sind sehr hilfreich. Das Abwarten, bis man an der Reihe ist, stellt eine große und häufig

nicht leistbare Anforderung dar und kann – wenn es in einem
»beweglichen« Rahmen stattfindet, z.B. mit Anstellen verbunden
ist – zu körperlichen Auseinandersetzungen führen. Die Kinder
neigen zu Gedankensprüngen und kommen leicht vom Thema
ab. Im Klassenzimmer kann durch ihre starke Ablenkbarkeit eine Fliege, das neue Mäppchen oder die Uhr des Tischnachbarn
mehr Aufmerksamkeit erhalten als die Lehrkraft. Die Neugier
zieht sie ohne Punkt und Komma von einer zur anderen Aktion.
Da die Aufmerksamkeit schnell wegrutscht, benötigen die Kinder oft starke Hinweisreize, um sich wieder gezielt zuzuwenden.
Ein hüpfender Wahrnehmungsstil erschwert das folgerichtige
Vorgehen beispielsweise auf einem Arbeitsblatt. Das Kind verliert schnell den Überblick und findet sich auch nach mehrmali-
gem Üben nicht sofort zurecht. Durch ihre Reizoffenheit sehen,
hören und fühlen die ADS-Kinder ungefiltert, und es fällt ihnen
deshalb schwer, relevante Informationen von weniger wichtigen
Reizen zu unterscheiden. Im auditiven Bereich nimmt das Kind
beispielsweise das Summen einer Biene im Klassenzimmer, die
Arbeitsanweisung der Lehrkraft, das Schwätzen des Klassenkameraden und die Geräusche im Schulflur als gleichrangig wahr.
Stellt man sich dann noch die unsortierte Aufnahme von Reizen
anderer Wahrnehmungskanäle vor, vermittelt dies ein Bild des
oft herrschenden inneren Chaos.

Dieses innere wie äußere Abdriften macht eine ausdauernde
geistige Anstrengung schwierig. *Sinnerfassendes Lesen* ist selten
auf Anhieb möglich, es sei denn, es handelt sich um extrem
Spannendes. Oft erfasst das Kind nur einzelne Buchstaben statt
ganzer Wörter oder Satzteile, so dass der Abschreibeprozess
ebenfalls darunter leidet und entsprechend lange dauert. Impulsivität drückt sich auch beim schriftlichen Tun aus, man überlegt
nicht lange, bevor man etwas zu Papier bringt, und freut sich zunächst darüber, gar Erster zu sein. Aufgrund ihres geringen
Durchhaltevermögens und des fehlenden systematischen Vorgehens fällt es den Kindern schwer, ihre Arbeit noch einmal auf
Fehler durchzusehen oder Ergänzungen nachzutragen. Hinzu
kommen dann noch konzentrationsbedingte Flüchtigkeitsfehler.

Und das *Schreiben* selbst bedeutet für die meisten ADS-Kinder eine Qual! Man sieht es schon an der verkrampften Stifthaltung, dem starken Druck auf das Papier und der nicht fließenden Schreibbewegung, mit welcher Anspannung der Schreibvorgang behaftet ist; feuchte Hände sind keine Seltenheit. Von einer schönen Schrift kann die Mehrheit der ADS-Kinder nur träumen.

Bei jüngeren Kindern sollte die vereinfachte Ausgangsschrift gelehrt werden, bei älteren Kindern kann es lohnenswert sein, ihnen die Druckschrift sowie den begrenzten Einsatz des Computers zu erlauben. Schon der reine Schreibvorgang kostet die Kinder sehr viel Kraft, d.h., sie ermüden wesentlich schneller als Kinder ohne diese Handicaps. Entsprechend viele Schusseligkeitsfehler entstehen, die es gegenüber legasthenen Fehlern zu unterscheiden gilt. Man schätzt jedoch, dass bei 30 Prozent der ADS-Kinder eine Legasthenie hinzukommt. *Rechenschwächen* (Dyskalkulie) werden ebenfalls festgestellt, die mit Orientierungsproblemen, Verwechslung der Arbeitsrichtung und beispielsweise fehlendem Zahlenraum einhergehen. Die Aufnahmekapazität im Bereich des Kurzzeitgedächtnisses und Arbeitsspeichers ist ebenfalls vermindert. Dies alles kann beim Erlernen der Kulturtechniken zu Schwierigkeiten führen. Allgemein wird vieles – nicht absichtlich! – vergessen, verloren, wodurch zusätzliche Alltagsprobleme entstehen.

Soll man auf eine Frage sofort antworten, fällt dies schwer und wird bei auftretender Angst (Prüfungen) noch schwieriger. Mit variabel gestalteten Lernkontrollen erreicht man die Kinder besser und kann sie durch die Einbeziehung ihrer mündlichen Leistungen bei Bewertungen motivieren. Die oftmals hinzukommenden Probleme in der Wahrnehmung wirken sich beispielsweise auf die Arbeitsplatzgestaltung, das Wiedererkennen bzw. Finden von Gegenständen und in der Raumorientierung aus. Andererseits heißt etwas im Schulranzen nicht finden zu können nicht unbedingt, dass etwas nicht da ist. Vielmehr kommt im Chaos der Schultasche und in der unordentlichen Führung des Hausaufgabenhefts die mangelnde Organisationsfähigkeit des

Kindes zum Ausdruck. Hat es die Möglichkeit, zwischen vielen Alternativen zu wählen, kommt dies einer Überforderung gleich. Selbstorganisationsaufgaben werden gern verschoben, weil sie die Betroffenen vor schier unlösbare Probleme stellen.

Trotz guter Intelligenz fällt es den Schülern mit ADS im Klassenverband schwer, komplexere Aufgaben systematisch zu lösen oder sich Wissen schrittweise selbst anzueignen. Auf unbewusste Art nehmen sie Wissen relativ gut auf. Zusammenfassend führen diese Defizite zu einer Umsetzungsschwäche bei gestellten Aufgaben.

Hinzu gesellt sich eine nicht gleichmäßige Wachheit. Dieser *Dysregulation* versuchen die Kinder vermutlich unbewusst durch Selbststimulation (Bewegung) entgegenzuwirken.

Kinder wollen erfolgreich sein, ADS-Kinder mit ihrem angeschlagenen Selbstwertgefühl besonders. Sie richten hohe Ansprüche an sich, sie möchten perfekt sein, erreichen aber trotz doppelter Anstrengung nur das halbe Ergebnis. Man muss sich vorstellen, wie der Alltag eines solchen Kindes aussieht: Häufig gestaltet er sich als eine Aneinanderreihung von unschönen Erlebnissen. Zwangsläufig mehren sich Misserfolgserwartungen, die Schüler trauen sich immer weniger zu und vermeiden zunehmend Konstellationen, in denen Leistung von ihnen erwartet wird. Das verdeutlicht, wie viel mehr Mühe als andere Kinder sie aufwenden müssen, um sich wieder von neuem unangenehmen, ja schmerzlichen Situationen zu stellen. Erkennt man diese Prozesse bei den Kindern, ist man gern bereit, für Anstrengungen, die in die richtige Richtung gehen – wenn sie auch noch nicht zu einem hundertprozentigen Erfolg führen –, sofortige positive Rückmeldung zu geben.

Einschätzbarkeit der nächsten Umwelt, Harmonie und eine schöne Umgebung liegen dem Kind sehr am Herzen, obwohl oder vielleicht gerade weil es sich in diesen Bereichen so schwer tut. Im Vergleich zu anderen Kindern benötigen ADS-Betroffene viel Zeit für Automatisierungen, sei es für routinemäßige Handlungen (Jacke, Schuhe an bestimmten Plätzen deponieren), sei es, um Basiswissen zu festigen. Man geht von einem 8 bis 16 Mal längerem Üben aus, so dass die primäre Devise lauten muss: Geduld, Geduld, Geduld, und die sekundäre: Zuversicht, das angestrebte Verhalten stellt sich – wenn auch verspätet – noch ein. Durch die mangelnde Selbststeuerung erhält Kontrolle bezüglich Absprachen, Hausaufgaben, Aufräumen etc. bei ADS-Kindern eine große Bedeutung, um der Orientierungslosigkeit einen Verhaltensrahmen entgegenzusetzen, der dann im Laufe der Jahre sukzessiv in zunehmende Eigenkontrolle übergeht.

Einschlafprobleme und Aufsteh- bzw. Anlaufprobleme können den Kreis der Symptome ergänzen.

Im Bereich Körperkontakt verhalten sich hyperaktive Kinder oft, und gelegentlich noch durch Wahrnehmungsstörungen verstärkt, distanziert; ADS-Kinder ohne Hyperaktivität nehmen manchmal eher Körperkontakt auf. Die Schmerz- und/oder Wärme- bzw. Kälteempfindung scheinen bei manchen Kindern ungewöhnlich zu sein: einerseits gering, andererseits – besonders bei von außen zugefügtem Schmerz – kann sich die Empfindung ins Extreme steigern. Manche Schüler verfügen über eigenwillige Geschmacks- und Geruchswahrnehmungen, die teilweise eine kaum beeinflussbare einseitige Ernährung verursachen.

Sie lassen sich durch die Umgebungsatmosphäre mitreißen und unterliegen Stimmungsschwankungen von extrem empathisch, freundlich, charmant bis zu auffallend diskordant, aggressiv.

Bei manchen ADS-Betroffenen tritt eine Tendenz zur emotionalen Labilität auf. Die Erfolglosigkeit der vielen Bemühungen im schulischen und teilweise auch im privaten Bereich mündet oft in Mutlosigkeit und einem wachsenden Unwillen. Dass diese Erfahrungen zu einer Beeinträchtigung des Selbstwertgefühls führen, liegt auf der Hand. Wenn nicht durch günstige Einflüsse einiges aufgefangen wird, besteht die Gefahr neurotischer Entwicklungen im Sinne einer Sekundärproblematik bei stark ausgeprägtem ADS. Mangelnde Realitätskontrolle, Verleugnung von

Schwierigkeiten, vernachlässigte Körperpflege, Dysphorie bis suizidale Gedanken weisen auf eine Selbstwertstörung oder andere psychische Störungen hin.

Der heftige permanente Bewegungsdrang ist nicht Ausdruck von ausgelassener Fröhlichkeit, sondern Anzeichen einer Auffälligkeit. In abgeschwächter Form ist uns ein vergleichbares unruhiges oder aufgedrehtes Verhalten bei völlig übermüdeten normgesteuerten jüngeren Kindern sicherlich bekannt. Die Hyperaktivität kann unterschiedliche Formen annehmen und unterschiedlich intensiv ausgeprägt sein. Sie wird u.a. damit erklärt, dass das ADS-Kind die Umwelt als reizarm empfindet und seine erhöhten Aktivitäten im Sinne einer Eigenstimulation zu deuten sind, die das unangenehme Gefühl verringern oder gar beheben. Da dies als angenehm erlebt wird, bleibt das zappelige Verhalten bestehen. Die Umgebung sanktioniert motorische Unruhe meist, daraufhin verringert das Kind seine Überaktivität kurzzeitig, muss aber gleichzeitig spüren, dass sich die Reizdeprivation wieder einstellt, und es spürt nun wieder das Bedürfnis – womöglich verstärkt –, sich zu bewegen. Der ADS-Schüler hat demnach nur die Wahl zwischen zwei negativen Empfindungen. So kann sich ein Teufelskreis mit der Zeit hochschaukeln und zu erhöhter Unruhe bzw. Verhaltensauffälligkeiten führen. Manche Kinder gehen nicht, sondern laufen, hopsen oder klettern permanent herum, andere sprechen laufend. Nägelkauen, Bemalen von Heftländern, Beknabbern von Bleistiften und dergleichen passieren nebenbei. Das Kippeln mit dem Stuhl kann sich bis zum Vom-Stuhl-Fallen steigern. Will man jede Bewegung eines Vormittags aufnehmen, führt allein das Beobachten schier zur »Atemlosigkeit«. Die motorische Unruhe reduziert sich oft in der Adoleszenz, stattdessen spüren die Jugendlichen dann häufig eine *innere Rastlosigkeit*.

ADS-Kinder ohne Hyperaktivität

Die Beschreibung des Aufmerksamkeitsdefizitsyndroms ohne Hyperaktivität (ADS-H) ist mir besonders wichtig, da diese Kinder häufig nicht erkannt bzw. verkannt werden und ein noch größeres Leidensrisiko als bei den sich bemerkbar machenden ADS-Kindern mit Hyperaktivität besteht.

Das bereits Aufgeführte bezüglich Konzentration, Ausdauer, Selbststeuerung bei ADS-Kindern mit Hyperaktivität trifft, je nach Ausprägung des Syndroms, auch auf ADS-Kinder ohne Hyperaktivität zu. Nur verhalten sich diese Schüler motorisch ruhiger, sie sind nicht ständig in Bewegung und fallen von daher nicht sofort auf. Vielmehr wirken sie zurückhaltend, trödelnd bis geistig abwesend. Ihre Ablenkung erfolgt nicht nur durch äußere Dinge, sondern auch durch ihre innere Traumwelt. Solche Kinder haben es schwer, weil sie nicht richtig verstanden und falsch eingeschätzt werden. Auf diese Stillen muss besonders geachtet werden, da die Gefahr besteht, dass sie in einer bunt gemischten Klasse untergehen, als ADS-Kinder unerkannt bleiben, scheitern und womöglich unberechtigterweise in Förderschulen eingewiesen werden.

Ihr Arbeitsstil kann durch Arbeitsblockaden gekennzeichnet sein, die die Kinder nicht in die Gänge kommen lassen. Dadurch verlieren sie bereits zu Arbeitsbeginn viel Zeit. Das Arbeitstempo ist prinzipiell langsam, sie gehören zu den letzten Kindern im Klassenverband oder werden gar nicht fertig, wenn sie beispielsweise, statt eine Wiese zu malen, an einem einzigen Blütenblatt hängen bleiben. Außerdem erlauben sie sich lange »Arbeitspausen«, bei denen sie wahrscheinlich gedanklich woanders sind. Beim Arbeiten treten dieselben Probleme wie bei allen konzentrationsgestörten Schülern auf. Diese Hemmnisse belasten die Kinder sehr, da sie ja »wollen«, sich anstrengen und es trotzdem nicht klappt. Bei manchen spiegelt auch die Sprache die Angespanntheit und Zerstreutheit wider; es fällt ihnen schwer, sich fließend auszudrücken, oder sie vergessen, was sie sagen wollten.

Hypoaktive Kinder benötigen viel Anerkennung für ihr Bemühen und Bestätigung für kleinste Erfolge. Vielfach wählen sie nach einiger Zeit von selbst angebotene ruhige Einzelarbeitsplätze im Klassenzimmer für bestimmte Arbeitsphasen und können dadurch zumindest zeitweise wesentlich bessere Arbeitsergebnisse erzielen. Auch die soziale Einbindung sollte unauffällig von der Lehrkraft unterstützt werden. Oftmals benötigen solche Kinder zunächst eine sehr persönliche Beziehung zu ihr, um durch diese Sicherheit dann etwas »aufzutauen«.

Wenn ADS-Kinder irgendwie verträumt bis traurig wirken, sich introvertiert oder schweigsam zeigen und langsam, leicht ablenkbar, teilweise zerstreut arbeiten, muss man diesem Verhalten in Kooperation mit den Eltern nachgehen, damit sie bei Bedarf fachliche Hilfe für ihr Kind in Anspruch nehmen können.

Positive Eigenschaften der ADS-Kinder

Nach der Erörterung des Problemverhaltens sollten die positiven Eigenschaften der Kinder nicht vergessen werden.

Sie sind besonders gerecht und können sehr empathisch in wichtigen, ernsten Situationen sein. Zu ihren Stärken gehören blitzschnelles Reagieren, zupackende Eigenschaften, Hilfsbereitschaft und Begeisterungsfähigkeit. Meist sind sie sportlich und zeigen ein großes Interesse für die Natur. Viele Betroffene verfügen über erstaunliche Kenntnisse und Fähigkeiten in ihren Lieblingtätigkeiten (Tüfteln, Computer, Schach etc.). Diese ihre Mitmenschen ständig fordernden kleinen und großen Nonkonformisten, die Probleme auf ihre Art intuitiv und ganzheitlich zu lösen versuchen, stellen zuweilen mit ihrer Neugier und ihrem prüfenden Verstand Regeln und Autoritäten in Frage. Sie verhalten sich optimistisch, kreativ und witzig. Nimmt man eine gelassene Position ein, kann die oft ungebremste Fantasie zur herzhaften Bereicherung eines anstrengenden Vormittages oder Tages werden. Solche Kinder, die trotz aller zu verkraftenden unangenehmen Erlebnisse immer wieder zu bewundernswerten energiegeladenen Stehaufmännchen werden, sind liebenswert. Versteht es die Lehrkraft, die Kompetenzinseln der Kinder zu entdecken und geschickt in den Unterricht einzubauen, erntet sie bei den ADS-Kindern nicht nur strahlende Blicke, sondern steigende Motivation, Zuwachs an Lernerfolg und Selbstvertrauen.

Wenn die Informationen und Schilderungen dazu beigetragen haben, eine neue Betrachtungsweise der ADS-Kinder zu ermöglichen, dann kann aus dieser verstehenden Perspektive auch eine Veränderung im eigenen Handeln resultieren.

Relevante Unterrichtsfaktoren (»Classroom-Management«)

Nicht wenige Lehrkräfte haben heutzutage beim Betreten ihres Klassenzimmers das Gefühl, eine Manege zu betreten mit der Aufgabe, eine gemischte Raubtiergruppe zu bändigen. Im Gegensatz zu einer Dressur geht es in der Humanpädagogik aber um eine lenkende und fördernde Dienstleistung, die sich im Laufe des Edukationsprozesses zunehmend überflüssig machen sollte.

Unterricht besteht aus Kommunikations-, Lern- und Sozialisationsprozessen. Er zielt nicht ausschließlich auf eine auf die Arbeitswelt bezogene Ausbildung ab, sondern auf eine umfassendere, reflexive Bildung. Es geht dabei um Persönlichkeitsentfaltung, Förderung der geistigen, körperlichen sowie sozialen Fähigkeiten und Hinführung zur kritischen Mündigkeit. Bei der Unterrichtsorganisation sollen die Methoden Lernprozesse planmäßig und wirkungsvoll beeinflussen. Die bedeutendste Rolle hat dabei der Lehrer in seiner Funktion als Vermittler, Prüfer, Trainer und Vorbild.

Das Lehrerverhalten gegenüber Schülern – aber auch im Kontakt zu Kollegen, Eltern, Vorgesetzten – erweist sich in empirischen Untersuchungen immer wieder als ein den Erfolg und die Atmosphäre bestimmender Faktor im Schulunterricht. Verbessert sich die Interaktion zwischen Lehrern und Schülern, fördert sie die volkswirtschaftlich relevante Größe »Gesundheit«. Wie auch in anderen Berufsgruppen zu beobachten ist, steht die Qualität der pädagogischen Arbeit öffentlicher Schulen in Bezug zu verschiedenen Parametern des Bildungssystems: gesellschaftlicher Stellenwert von Bildung und Ausbildung sowie der Förderung von schwächeren Schülern, Ausbildungsniveau und berufliches Anforderungsprofil der Lehrkräfte, Arbeitsbedingungen einschließlich Bezahlung, Fortbildungsstand und Persönlichkeit.

Für die verschiedensten Kinder gewinnt der Lebensraum Schule gegenüber einer Institution reiner Wissensvermittlung an Bedeutung. Somit erhalten genuin pädagogische oder sozialpädagogische Aufgaben einen hohen Stellenwert, die einer Wissensvermittlung vorgeschaltet werden bzw. sie begleiten müssen. Um die Lehrer-Schüler-Interaktion und das Klassenmanagement heutigen Ansprüchen gemäß professionell zu gestalten, gehören Aus-, Fort- und Weiterbildungen zur konstanten Aufgabe des Kollegiums. Ohne sachkundige Analyse der Leistungsfähigkeit auffälliger Kinder scheitern der Beziehungsaufbau und eine erfolgreiche Förderung. Wenngleich die Anforderungen an den Berufsstand permanent steigen und sich Burn-out-Syndrome vermehrt in statistischen Erhebungen niederschlagen, empfiehlt es sich doch – neben politischem Engagement –, diesen zusätzlichen Aufwand im Umgang mit ADS-Kindern zu investieren, denn mit der Zeit führen diese Maßnahmen zu echten Erleichterungen und Kraft spendendem Erfolg in der pädagogischen Arbeit. Übrigens: Die beschriebenen Arbeitsweisen stellen nicht nur Hilfen für ADS-Kinder dar, sie kommen auch normgesteuerten Kindern zugute und erhöhen somit die allgemeine Unterrichtseffizienz.

Die nachstehende Sammlung erprobter pädagogischer Maßnahmen ist nicht als Rezeptbuch zu verstehen, sondern lediglich als Anregung, die persönliche Konzepte und Situationen berücksichtigen muss. Letztendlich steht jede Lehrkraft vor der verantwortungsreichen professionellen Herausforderung: Wie kann ich ein Umfeld schaffen sowie den Unterricht und persönlichen Umgang gestalten, damit sich das ADS-Kind würdevoll, seinen Ressourcen gemäß entwickelt mit der Perspektive, zu einem zufriedenen, leistungsfähigen und fürsorgenden Erwachsenen heranzuwachsen?

Verhaltensbeobachtung

Ich habe die Leser dieses Buches bisher mit der ADS-Problematik vertraut gemacht, was immer den ersten Schritt bedeutet. Denn nur durch eine solche Kenntnis ist man in der Lage, das Schülerverhalten sensibel aufzunehmen.

Obwohl ADS-Kinder die Lehrkraft nicht angreifen wollen, werden sie oft als Saboteure eines gut geplanten Unterrichts empfunden, die nicht nur permanent stören, sondern oft auch noch einen unverschämten Ton benutzen und den angestrebten Lernerfolg, häufig der ganzen Klasse, stark reduzieren. Da bei neuen, interessanten Sachverhalten vieles besser funktioniert, kann es durchaus vorkommen, dass das störende Verhalten in einer neuen Klasse erst nach Tagen, Wochen parallel mit verstärkten Anforderungen und Pflichten in Erscheinung tritt.

Wenn wir etwas als auffallend oder störend empfinden, entspricht ein Verhalten nicht unserer Erwartung. Wie gehen wir mit Ungewohntem, Unbekanntem, Lästigem um? Jeder sich selbst beobachtende Mensch kennt seine persönlichen Reaktionsmuster. Ich halte es – gerade für Pädagogen – für äußerst wichtig, sich dieser Muster bewusst zu sein und sich auf diesem Hintergrund einer objektiven Beobachtung des auffälligen Kindes zuzuwenden. Ansonsten besteht die Gefahr, dass abwehrende Emotionen die wichtigen Beobachtungen und differenzierenden Beschreibungen des Lern- und Sozialverhaltens eines ADS-Kindes im Unterricht überlagern. Das Thema Verhaltensbeobachtung wird in der Ausbildung zu wenig vermittelt, obwohl eine exakte, wertfreie Beobachtung die Basis jeder pädagogischen Maßnahme sein sollte. Eine solche teilnehmende Beobachtung stellt in größeren, unruhigen Klassen eine besonders schwierige Aufgabe dar, die aber zum Wohle des Kindes unerlässlich ist und langfristig der Klassengemeinschaft sowie der Lehrkraft zum Vorteil gereicht. Eine distanzierte, sachliche Betrachtung ermöglicht oft zum ersten Mal, das Kind mit seinem positiven und negativen Verhalten als ganze Persönlichkeit wahrzunehmen.

Um einen objektiven Eindruck von einem auffälligen, potenziellen ADS-Kind zu erhalten, eignet sich die Erstellung eines *Protokolls einer Schulstunde*. Darin hält man alle konkreten oder nur die herausstechenden, zuvor festgelegten Handlungen des Kindes mit Zeitangabe fest. Bei manchen Kindern wird die Lehrkraft damit überfordert sein, da minütlich Aktivitäten, teilweise mehrere gleichzeitig, zu Papier gebracht werden müssten. Um alle Tätigkeiten aufzuzeichnen, erleichtern Kürzel oder Striche für wiederkehrendes Verhalten die Arbeit. Gegebenenfalls ist es sinnvoll, durch eine zweite Lehrkraft (Hospitation) dieser Aufgabe gerecht zu werden.

Eine Alternative zum Stundenprotokoll ist die Intervallbeobachtung, die stichprobenartig Verhalten registriert. In beispielsweise 5-Minuten-Abständen hält man das jeweils während 30 Sekunden oder einer Minute auftretende Verhalten schriftlich fest. Als recht ökonomisch wird bei Lauth/Schlottke (1999) das Münchner Aufmerksamkeitsinventar (Helmke & Renkl, 1992) zur Unterrichts- und Leistungssituationsbeobachtung dargestellt, bei dem Schüler anhand von vorgegebenen Kategorien ebenfalls in kurzen Intervallen beobachtet werden.

Erlaubt es die technische Ausstattung der Schule, können natürlich auch Videoaufnahmen eingesetzt werden. Sie erleichtern die kollegiale Auswertung.

Die Beobachtungsphasen sollten zu verschiedenen Tageszeiten, bei verschiedenem Tun, in verschiedenen Fächern, bei verschiedenen Lehrern und an verschiedenen Wochentagen mehrmals erfolgen, damit übliche Verhaltensschwankungen nicht die Aussage bestimmen. Gelegentlich können ganz unvermutete Ursache-Wirkung-Zusammenhänge erkannt werden. So stellte ich bei einzelnen sehr unruhigen Kindern fest, dass sie gerade in der ersten Unterrichtszeit extrem unkonzentriert waren. Nach dem Schulfrühstück veränderte sich ihre Leistungsfähigkeit positiv; sie kamen nüchtern zum Unterricht und hatten Hunger, aber kein ADS! Über das reine Verhalten hinaus kann herausgefunden werden, auf welche Reize (bestimmte Arbeiten, Situationen, Mitschüler- und Lehrerverhalten) das Kind wie reagiert. Schafft man noch den Vergleich mit dem angepassten Verhalten eines gleichaltrigen normgesteuerten Kindes, quasi einer Kontrollperson, erhält man eine objektivere Einschätzung der Intensität des auffälligen Verhaltens.

Systematische Verhaltensbeobachtungen beförderten schon Unerwartetes sowie Fehleinschätzungen der Störhäufigkeit zu Tage. Die Qualität der Verhaltensbeobachtung und der folgenden Interpretation steht in engem Bezug zum Fachwissen, zur Beobachtungs- und Urteilsfähigkeit des Ausführenden. Das bewusste Einnehmen der Beobachterrolle für eine begrenzte Zeit bringt allein schon eine Zäsur in den möglicherweise durch Anspannung geprägten Vormittag. Eine Verhaltensbeobachtung dient dazu, das Verhalten und die Lernausgangslage des Kindes richtig wahrzunehmen, Aha-Erlebnisse sowie neue Erkenntnisse zu sammeln und damit gegebenenfalls einen Perspektivenwechsel bei der Bezugsperson zu bewirken, der zu einem geeigneten pädagogischen Konzept führt. Meist ist bei ADS-Kindern schnell deutlich, dass das grundlegende Verhalten unbeabsichtigt, eben zum Kind gehörend, gleichsam »natürlich« passiert. Aus meiner eigenen Praxis gewann ich den Eindruck, dass man ohne dieses objektive Vorgehen selbst als Fachkraft unbewusst dazu neigt, von dem durch die eigene Sozialisation bestimmten Deutungsrahmen auszugehen, woraus eine permanent unangemessene Behandlung des Kindes resultieren kann. Dadurch gerät eine Unzufriedenheits- bis Aggressionsspirale in Gang, die nicht zielführend, sondern für alle Beteiligten destruktiv ist. Pauschalurteile, die sich undifferenziert nahezu ausschließlich am Störverhalten orientieren, sind für die pädagogische Arbeit wenig nützlich. Objektive Beobachtungen hingegen helfen, die vorhandenen guten Seiten und Leistungen zu entdecken. Anhand solcher Bemühungen können erste pädagogische Einflussnahmen erprobt werden. Eine Beobachtung ersetzt keine vom Fachmann zu erstellende Diagnose, vielmehr dient sie als Basis für pädagogische Interventionen sowie der Elternberatung.

Der Verhaltensbeobachtung schließt sich ein Konzept zur Verhaltensänderung an, das auf dem Fachwissen über ADS, der Persönlichkeit sowie auf dem biografischen Hintergrund des betroffenen Kindes, den Klassengegebenheiten und therapeutischen Empfehlungen fußt. Nach der Erprobung eines neuen Umgangs mit dem Kind werden sich viele erfreuliche Veränderungen einstellen, die sich durch eine wiederholte Verhaltensbeobachtung im Sinne einer Kontrolluntersuchung gut dokumentieren und durch diesen Beobachtungsprozess eventuell auch noch einmal optimieren lassen.

Lehrer-Schüler-Beziehung

Fachwissen und reflexives Verhalten kennzeichnen den professionellen Erzieher und Wissensvermittler. Lehrer sind durch ihren täglichen Kontakt ein wichtiger Orientierungspunkt für ein ADS-Kind. Meiner Meinung nach hat die Lehrer-Schüler-Beziehung den höchsten Stellenwert für die Selbstwirksamkeit von Lehrkräften im Unterrichtsgeschehen. Erstaunlich ist, wie wenig Kollegen oftmals über die Lebensumstände ihrer Schüler wissen. Das ist besonders bedauerlich, da solche Kontextinformationen zum Verstehen führen. Das seelische Wohl eines Schülers gerade mit Teilleistungsstörungen kann in hohem Maße von den emotionalen Erfahrungen, die er Tag für Tag mit seinem Lehrer macht, positiv oder negativ beeinflusst werden. Obwohl sich die Kinder doppelt so stark wie andere anstrengen, erreichen sie nur die Hälfte des Erwünschten und verstehen die Welt nicht mehr. Wenn dann ein Schüler permanent negative Rückmeldungen erhält oder gar aufgefordert wird, sich ein Beispiel an den Leistungen anderer Schüler zu nehmen, kann dies nicht nur verletzen, sondern Kinder dazu bringen, sich als Versager zu empfinden. Akzeptanz und Achtung vor der kindlichen Persönlichkeit, Offensein für sein Mitgeteiltes erleichtern Förderungen und verhelfen nicht nur zu mehr schulischem Erfolg, sondern bauen auch das Selbstwertgefühl auf. Das uneingeschränkte emotionale Annehmen eines Kindes hat höchsten Stellenwert im Umgang mit partiell lern- bzw. leistungsgestörten Kindern, die bereits genügend Frustrationen im Alltag erleiden. Zum einen müssen Pädagogen das störende Verhalten des Kindes zunächst ertragen und genau analysieren lernen, um dem Kind nicht Unrecht zu tun, zum andern sollten sie dem schwachen Selbstbild des Kindes durch ihr Beziehungsangebot Korrekturen ermöglichen. Wenn es nicht gelingt, wahrnehmbare gute Beziehungen herzustellen, werden methodisch-didaktische Aspekte häufig irrelevant.

Die ruhelos Zerstreuten reagieren extrem sensibel auf die so genannte »Personenvariable«. Sie spüren sofort, ob sie jemand mag und ob ihnen jemand gewachsen ist. ADS-Kinder empfinden deutlich die annehmende Einstellung zu ihnen und erleben dies meist als große Ermutigung, die auch den teilweise schon vorhandenen Selbsthass reduziert. Unbewusst sind Kinder immer auf der Suche nach »Lehrern« für alles Mögliche. Zu einem solchen Lehrer wählen sie oft intuitiv ausgesprochen empathische Persönlichkeiten mit klarem Auftreten, weil diese helfen, in einem selber Orientierung zu finden und die Persönlichkeit zur Entwicklung zu bringen. Im Sinne einer sich selbst erfüllenden Prophezeiung unterstützt es Kinder, ihnen täglich aufs Neue mit Zutrauen und Erfolgserwartungen zu begegnen.

Verfügt die Lehrkraft neben dem Wissen über ADS noch über eine freundliche, einschätzbare und gelassen direktive Art, wird sie für das Kind bedeutungsvoll und kann zum so genannten »Superreiz« avancieren. D.h., das verstandene Kind arbeitet wesentlich motivierter und bemüht sich um besseres Verhalten, sozusagen für die Lehrkraft. Damit reduzieren sich die Störungsfelder beachtlich und das Kind profitiert mehr vom Unterricht;

ebenso kann damit die Persönlichkeitsentfaltung gefördert werden. Eine Sonderrolle benötigen diese Schüler nur zum Teil, vielmehr führt eine solche Unterrichtspraxis in der gesamten Klasse zu einer angenehmen Lernatmosphäre und zu angenommenen Kindern. Dann gelingt es auch, gezielt zu fördern und adäquate Leistungen einzufordern. Ein achtsames Miteinander ist nicht nur eine gute Basis für das schulische Lernen und das Selbstwertgefühl, sondern auch eine gegenseitige Bereicherung.

Klassengegebenheiten

Kultusministerien legen die Rahmenbedingungen der pädagogischen Arbeit in unseren öffentlichen Schulen fest. Um für die Zukunft den Anforderungen einer demokratischen, menschenachtenden Gesellschaft in einer globalisierten Welt gewachsen zu sein, kann man vor allem der Jugend nur wünschen, dass sich kompetente, unabhängige, weitblickende und verantwortungsvolle Menschen für politische Ämter zur Verfügung stellen.

> *Schulleitung und Kollegium*

Umfragen bestätigen eine kaum vorhandene Erfolgserwartung für ADS-Schüler bei Lehrern. Darüber hinaus empfinden viele bei derartigem Schülerverhalten ablehnende und sogar aggressive Gefühle. Nachdem sich das öffentliche Schulsystem bislang schwer tat, professionell mit ADS-Kindern umzugehen, bieten in Deutschland einzelne private Schulen die Arbeit mit ADS-Schülern an. Inzwischen verbessert sich der Informationsstand an deutschen Schulen. Im Rahmen der Profilbildung durch Schulprogrammarbeit besteht nun an öffentlichen Schulen eine weitere Möglichkeit, spezifische Angebote für die Förderung von ADS-Kindern einzurichten.

Gute *Schulorganisation* achtet darauf, dass ADS-Kinder möglichst auf mehrere Klassen verteilt werden und sich somit am positiven Verhalten ihrer Klassenkameraden orientieren können. Bekannterweise verhalten sich Kinder bei verschiedenen Bezugspersonen unterschiedlich. Der Schulalltag wird erleichtert, wenn das Kind die Lehrkraft mag, diese Empfindung auf Gegenseitigkeit beruht und der Lehrer für ADS-Kinder bereit ist. In Fehlkonstellationen kann ein Lehrer- bzw. ein Schulwechsel nicht nur entlastend wirken, sondern der Biografie eines Kindes zuträglich sein. Bei mehreren auffälligen Kindern muss ein zahlenmäßiger Ausgleich geschaffen bzw. eine Kleinklasse eingerichtet werden, in der individualisierende Arbeit ermöglicht wird. Neben der Einrichtung von spezifischen Förderstunden und Neigungsarbeitsgemeinschaften begegnet man dieser pädagogischen Aufgabe durch einen ermutigenden Unterricht. Erfolg versprechendes Unterrichten bei ADS-Schülern heißt u. a.: intensive Beziehungen aufbauen, eine sehr konsequente Erziehung praktizieren, aufwendigere Unterrichtsvorbereitungen und viel Kooperationsarbeit leisten. Das alles ist zeitaufwendig und extrem anstrengend, deshalb muss diese zusätzliche Belastung nicht nur Anerkennung, sondern in schulischen Planungen auch Berücksichtigung finden.

Professionelle Strategien sollten gegenüber dem dramatischen Bejammern von Problemlagen in der eigenen Klasse bevorzugt werden.

Man analysiert pädagogische Schwierigkeiten umgehend von Grund auf und beginnt beherzt an einem Punkt mit der gezielten Intervention. Die Klassenkonferenz bespricht den pädagogischen Umgang mit dem ADS-Kind und einigt sich auf eine kollegiale Zusammenarbeit. Je mehr Fachlehrer einbezogen werden, umso intensiver erfolgt die Kooperation, um eine gemeinsam erstellte Unterrichtsstruktur sowie Erziehungsleitlinien anzuwenden. Für Schüler mit ADS sind eindeutige Verhaltensorientierungen nicht nur im Unterricht, sondern ebenso in den Pausen vonnöten. Deshalb wäre es wünschenswert, wenn Schulordnungen von den Lehrkräften und von anderem Schulpersonal ernst genommen würden. Die darin verzeichneten Verhaltensregeln bezüglich auffälliger Kinder können ggf. unter Hinzuziehung von Fachleuten erstellt werden.

Die Wirksamkeit solcher Regeln im Hinblick auf Verhaltensänderungen steht und fällt mit ihrer kontinuierlich konsequenten Umsetzung von allen im Haus.

Das Thema Leistungsfeststellung und -bewertung führt immer wieder zu heftigen Diskussionen. Die pädagogische Freiheit der Lehrkraft drückt sich auch in der Gestaltung der Leistungserhebung aus. Mit Rücksprache der Schulleitung können Formen gefunden werden, die die bei ADS-Kindern vorliegende Konzentrations- bzw. Selbststeuerungsproblematik berücksichtigen und die ihre Lern- und Anstrengungsbereitschaft über höhere Erfolgsaussichten langfristig fördern, wie z.B.:

- Arbeiten in der 1. Schulstunde schreiben lassen.
- Aufsatz am Computer erlauben.
- Test allein in gesondertem Raum durchführen.
- Arbeit auf farbiges Papier, bei leiser Musik (oder andere begleitende Reize, die u.U. zur Konzentrationsverbesserung beitragen) ermöglichen.
- Lückentext.
- Projektarbeit (Erstellung einer Wandzeitung usf.).
- Verstärkte Einbeziehung mündlicher Leistungen (einschl. Erstellung beispielsweise von Tonkassetten, darstellendes Spiel usw.).

In Konferenzen sollten auch bei Bedarf die nachstehenden Themen auf die Tagesordnung kommen: Benötigen wir Beratung im Umgang mit ADS-Kindern? Wie kann ein ADS-Kind erfolgreich unsere Schule besuchen – wie können wir Frustration verhindern und Motivation schaffen? Vor dem Hintergrund zunehmend heterogener Klassen: Was bedeutet gerechter Umgang mit allen Schülern: gleichschrittiges Vorgehen, gleicher Hausaufgabenumfang, oder ist es gerechter, Unterrichtsmethoden und Beurteilungen einzusetzen, die individuelle Gegebenheiten berücksichtigen? Wollen wir Informationen über ADS an die Elternschaft verteilen und/oder eine Informationsveranstaltung der Schule für Eltern und Kollegium mit einem kompetenten externen Referenten anbieten? Können wir die Elternberatung, die Kooperation mit Eltern und Fachleuten (runde Tische) weiter ausbauen?

In der heutigen Zeit muss über eigentlich Selbstverständliches informiert werden. Die Zahl der Kinder, die ohne oder mit ungesundem, die Konzentration nicht stabil haltendem Frühstück zur Schule kommen, steigt genauso wie die Anzahl der durch zu spätes Zubettgehen Übermüdeten. Da ADS-Kinder meist von Natur aus schon wechselnde Tagesformen zeigen, auf Wetterlagen reagieren, sollten weitere beeinflussbare Störungen eliminiert werden.

Eine enge Kooperation zwischen den Schulämtern und Schulleitungen kann letztendlich für den einzelnen Schüler ebenfalls hilfreich sein. So informierte das Oberschulamt Stuttgart schon Mitte der 90er-Jahre Gymnasien und berufliche Schulen zum Thema ADS. Das Marburger Schulamt bot 2001 eine mit hochkarätigen Referenten bestückte Fortbildung, die sofort ausgebucht war, zum Thema an.

Äußere Gestaltung

Der Schulgestaltung, der Lernumgebung, fällt eine nicht zu unterschätzende Bedeutung zu, denn Kinder nehmen permanent auf und lernen viel ohne direkte Anleitung. In Loris Malaguzzis Erziehungskonzept (Reggio Emilia) gelten Räume als dritte Erzieherin, die zwar stumm, aber nachhaltig auf die Kinder wirken.

Im Klassenzimmer hat sich das permanente Sitzen an Gruppentischen bei ADS-Kindern nicht bewährt, da diese Anordnung zu stark bei der Wissensaufnahme und beim selbstständigen Arbeiten ablenkt. Der Gruppenarbeit oder sozialen Anlässen ist diese Sitzordnung jedoch immanent und ADS-Kinder müssen Gelegenheit erhalten, sie zu üben. Dann sollte allerdings auf passende Instruktion, Unterstützung durch die Lehrkraft sowie auf eine flexible Gruppenzusammensetzung, die eine Kooperation mit verschiedenen Klassenkameraden ermöglicht, geachtet werden. Um Rangeleien erst gar nicht aufkommen zu lassen, muss für ADS-Schüler allgemein der nötige Körperabstand zum Nachbarn bedacht werden. Da teilweise visuelle Wahrnehmungsstörungen vorliegen und ein »Ohne-Schleifen-Blick« die Konzentration erleichtert, ist ein Arbeitsplatz mit direktem Blick auf die Tafel sinnvoll. Der Schüler sollte möglichst vorn, seitlich in der Nähe des Lehrers sitzen; das seitliche Sitzen verhindert ablenkendes Umdrehen. Ein häufiger Platzwechsel irritiert. Der vorbildliche Nachbar kann im Vergleich zum schwätzenden, zappeligen Mitschüler eine große Hilfe für das konzentrationsschwache Kind sein. Auch sollte das Kind mit ADS nicht in der Nähe des Papierkorbs, des Fensters oder dergleichen platziert sein, damit der Schüler einerseits weniger Störung durch die Klassenkameraden erfährt und andererseits durch die räumliche Nähe zur Lehrerin oder zum Lehrer eine dezente Unterstützung zum geistigen Dabeibleiben über Blickkontakt und/oder Geheimzeichen erhält. Überflüssiges muss vor jeder Arbeitsphase vom Tisch, um die Konzentrationschancen zu erhöhen.

Eine vergleichsweise schlichte, klar gegliederte, aufgeräumte, nicht durch Bewegungen ablenkende (Mobile), freundliche Optik bewahrt die Kinder vor Reizüberflutung und schafft eine angenehme Arbeitsatmosphäre. Schon Maria Montessori vertrat den Standpunkt, nur durch äußere Ordnung könne das Kind zur inneren Ordnung finden. Sie verlangte eine begrenzte Anzahl von Materialien, um Klarheit in den Eindrücken des Kindes entstehen zu lassen. Im Sinne strukturierter Aktivitäten beschränkt man Dar-/Ausgestelltes auf aktuell Wichtiges; gelingt dies in ästhetisch ansprechender und interessanter Form, wird die Aufnahmeintensität unterstützt. So sollten die gemeinsam erarbeiteten Klassenregeln (maximal fünf bis sieben) übersichtlich in wenigen Worten und mit Illustrationen für alle jederzeit sichtbar im Klassenzimmer angebracht sein, damit ein Deuten zur Erinnerung ausreicht. Zu der ADS-freundlichen, Struktur gebenden Ausstattung eines Klassenzimmers gehört auch bunte

Kreide, die gut eingesetzt ein einfaches, aber wirkungsvolles Gliederungsmittel darstellt, genauso bieten sich beispielsweise farbige Buchstaben auf einem Bildschirm an, Moderationsmaterialien usf.

Verfügt der Raum über Bewegungsbereiche und Rückzugsmöglichkeiten an Einzelarbeitsplätze, kommt das einer kindzentrierten Arbeit entgegen. Nach Auffassung von Jean Ayres (1984) trägt das vestibuläre System zur Wachheit des Menschen bei. Gezieltes Bewegen trainiert demzufolge nicht nur die Muskulatur, sondern unterstützt auch die Aufmerksamkeitsbereitschaft. Bei entsprechenden räumlichen Gegebenheiten kann ich kürzere Arbeitsphasen auf dem Fußboden – durch den ordnenden Einsatz von Teppichen oder Sitzkissen erleichtert – mit der gesamten Klasse sowie die nachstehenden Stimulanzien für die Benutzung durch jeweils ein Kind empfehlen: Hängematte, Schaukelstuhl, das sich Eindrücken zwischen 2 hochgestellte Matratzen, Sitzball, Balance- und Kugelspielgeräte. Diese attraktiven Materialien sollten jedoch nur nach strikt einzuhaltenden Regeln, zeitlich begrenzt (Sanduhr etc.) und geräuscharm – z.B. über das Zeigen von Piktogrammen, also nonverbal, und ohne die anderen Schüler während dem Arbeiten zu stören – benutzt werden dürfen.

Da Hintergrundgeräusche ADS-Kinder enorm ablenken können, ist auf eine ruhige Umgebung zu achten; für manche Kinder ist auch der phasenweise Einsatz von lärmausschaltenden Kopfhörern hilfreich. Für andere konzentrationsbeeinträchtigte Mädchen und Jungen wiederum ist eine dezente Musikuntermalung wohltuend. Um individuelle Unterstützungsmittel herauszufinden, bedarf es der genauen Betrachtung und meist mehrerer Versuche.

Je mehr Zeit man sich nimmt, um Kinder im Hinblick auf ihre Bedürfnisse und Vorlieben zu beobachten, desto leichter fällt es, Schulhöfe und schwach genutzte Innenräume des Schulhauses kindorientiert und kreativ umzugestalten. Oft sind mit geringen finanziellen Mitteln oder unter Einbindung von Sponsoren, Eltern und Hausmeistern kleinere Veränderungsaktionen sehr angenehm, und zwar für alle sich im Lebensraum Schule Aufhaltenden.

Pädagogische Konzepte

Nach der sich konstant verkürzenden Halbwertzeit von beruflichem Wissen und der steigenden Forderung nach Flexibilität, muss sich auch Schule verändern. Neben der Vermittlung des nötigen grundlegenden Wissens geht es heutzutage im Sinne eines Lifelong Learnings bei Unterrichtskonzepten um Lerntechniken, Lernbereitschaft sowie um die Förderung eines gesunden Selbstbewusstseins, der Selbstständigkeit und sozialer Kompetenzen, damit am Ende der allgemein bildenden Schulen urteilsfähige, verantwortungsvolle junge Menschen stehen, die den gesellschaftlichen Aufgaben gewachsen sind.

Wenn es gelingt, das Verhalten des Schülers mit einem Aufmerksamkeitsdefizitsyndrom objektiv wahrzunehmen und ineffektive Reaktionsweisen zu erkennen, beginnt für alle eine bessere Zeit. Denn es bringt überhaupt nichts, das Kind immer wieder auf seine Defizite hinzuweisen; das ständige Ermahnen und Herumnörgeln an schlechten Leistungen und unerwünschtem Verhalten kann man sich sparen.

Die angestrebten Ziele müssen angemessen sein und regelmäßig überprüft werden. Wichtig ist vor allem, bereits die Anstrengungsbereitschaft des Betroffenen zu verstärken, nicht ausschließlich das Handlungsergebnis. Frustrationen sollten minimiert und die jungen Persönlichkeiten sollten über Zuspruch und Hilfestellungen aufgebaut werden.

Letztlich zielen die Bemühungen darauf ab, den Schülern Selbstachtung und Selbstvertrauen zu vermitteln sowie Begeisterung für das Lernen zu entwickeln.

Die nachstehenden Punkte sind für viele Leser bekannte pädagogische Selbstverständlichkeiten. Die Frage ist nur, ob man es schafft, diese im Berufsalltag konsequent umzusetzen bzw. zu leben. Gelingt es, jeden Tag als einen Neuanfang zu sehen, sich grundsätzlich optimistisch und versöhnlich zu zeigen?

Bei solchen Überlegungen wird meist sofort vorgebracht, dass man in der gegenwärtigen Schulsituation – eine wachsende Anzahl problematischer Schüler, große Klassen, zunehmender Erziehungsauftrag, verstärkte Elternberatung, reduzierte Entscheidungsmöglichkeiten der Schule, umfangreiche neue Stoffvermittlung, Einsatz neuer Methoden, zusätzliche Aufgaben im Rahmen der Autonomieentwicklung von Schulen – alle an die Lehrer gestellten Aufgaben unmöglich erfüllen könne. Ich kenne die gestiegenen Anforderungen bei sich nicht verbessernden Rahmenbedingungen in unserem Bildungswesen. Es ist wichtig, bei den zuständigen Stellen über unbefriedigende Sachlagen zu berichten und Forderungen, die eine gezielte pädagogische Arbeit ermöglichen, aufzustellen. Bis wir durch politische Arbeit oder durch adäquate administrative Vorgaben vielleicht irgendwann einmal perfekte Gegebenheiten vorfinden, muss man Prioritäten setzen und als Allererstes Unterricht überhaupt ermöglichen.

Es führt also kein Weg daran vorbei, Störungen zu erkennen und pädagogisch zu bearbeiten. Dieses mühsame Ringen um eine positive, ADS-Kinder integrierende Lernkultur kommt jedoch nicht nur den ADS-Kindern zugute, normgesteuerte Kinder profitieren ebenfalls und nicht zuletzt die Lehrkraft, die mit einer größeren Zufriedenheit ihren Beruf ausüben kann.

Wie der für ADS-Schüler optimal gestaltete Unterricht aussehen soll, wird immer wieder in Fachkreisen erörtert. Viele Praktiker raten von einer »Spielschule« mit Freiarbeit, Wochenplanarbeit und Gruppentischen kategorisch ab, da dies eine Überforderung für ADS-Kinder darstelle. Mir geht es hingegen zunächst um das Grundlegende, um ein sensibles, auf die Richtigkeit des subjektiven Eindrucks hin überprüftes Verstehen dieser Kinder. Darauf baut sich fast automatisch der passende Umgang auf. Man muss dann nur noch mit Fingerspitzengefühl unter Berücksichtigung der Lernausgangslage die geeigneten pädagogischen Prinzipien und Unterrichtsmethoden finden bzw. wieder entdecken sowie diese präzise und selbstkritisch umsetzen.

Wenn ein Kind spürt, dass es dem Lehrer nicht gleichgültig ist und es sich auf ihn verlassen kann, wird die Lehrkraft zur berechenbaren Orientierung. Der schon erwähnte bedeutende Beziehungsaufbau zwischen Lehrkraft und Schüler impliziert im Grunde genommen die in unserer Zeit immer wichtiger werdende Vorbildfunktion: anleitendes Modell im zwischenmenschlichen Umgang sein und engagiertes, neugieriges Verhalten in Lernbezügen demonstrieren. Erzieherische Maßnahmen erreichen nicht die Bedeutung von überzeugenden Beispielen, die natürlich auch die Lernatmosphäre prägen. Wenn es uns ernst ist mit unserem Erziehungsauftrag, sollten wir authentisch sein und gute Beispiele vorleben. Kinder lernen von selbst aus allem, was sie umgibt, sei es Positives oder Negatives. Auch ein Mitschüler kann zu einem guten Modell für das ADS-Kind werden.

Das Selbstvertrauen der Schüler mit ADS soll gekräftigt werden. Sie müssen erfahren, dass ihre Anstrengungen wahrgenommen und gewürdigt werden. D.h., auch kleine individuelle Lernschritte und Verhaltensänderungen bedürfen der Anerkennung. Die Freude der Lehrkraft über solche Entwicklungen kann auf verschiedene Weise ausgedrückt werden, es muss nicht immer verbal sein, ebenso kann ein Zunicken oder Lächeln aufbauen und den eingeschlagenen Weg bestärken. Manchmal reicht ein wohlwollendes stilles Danebenstehen für kurze Zeit, ein Fingerzeig oder ein aufmunterndes dezentes Armberühren, um dem beim Arbeiten stockenden Kind weiterzuhelfen, oder das Buch bzw. Arbeitsblatt des ADS-Schülers zur Erklärung für die Klasse zu nehmen und hochzuhalten. Auch ein Gespräch unter vier Augen über das richtige Verhalten oder zum Erklären von Unterrichtsstoff wird gut angenommen. Über die meisten Kinder hat sich bereits ein Strom von Ermahnungen ausgegossen, die selbstverständlich von Klassenkameraden gehört wurden und sie zum Teil bloßstellten. Dass bei einem solchen Umgang ihr Selbstbewusstsein verletzt wurde und sie sich »auf diesem Ohr taub« stellen, ist nahe liegend.

Immer wieder wird gefragt, inwieweit Mitschüler einen förderlichen Umgang mit dem ADS-Kind als Bevorzugung erleben. Nach meiner langjährigen Praxis kann ich hierzu nur feststellen: Wenn es in einem Klassenverband gelingt, ein achtsames, offenes, ein das Individuum respektierendes, Streitkultur und Problemlösungsstrategien beinhaltendes Miteinander einzuführen, entsteht eine Atmosphäre, in der sich nicht nur konzentrationsbeeinträchtigte Schüler wohl fühlen und positiver verhalten; dann lernen auch Klassenkameraden recht schnell, ADS-Kinder zu verstehen, und sind oftmals sogar in der Lage, sich besonders sensibel und engagiert für diese Mitschüler einzusetzen.

Von Einfühlungsvermögen gekennzeichnete Unterstützungen im Fachunterricht oder Erinnerungen an das gewünschte Verhalten werden von ADS-Betroffenen registriert und schaffen ein konstruktives Lernklima. Gezielte Hilfestellungen beispielsweise in Form von prägnanten Tafelbildern, Symbolanheftungen, Signalkarten oder eine am Arbeitsplatz liegende Checkliste leiten den tendenziell konfusen Schüler. Auch der Tipp, sich Informationen gedanklich zunächst vorzustellen, erleichtert das Lernen. Manchen Jungen und Mädchen mit ADS hilft es, »wach« zu bleiben, wenn sie sich im Unterricht Notizen oder Skizzen machen bzw. mitschreiben. Ein Unterricht, der die positiv besetzten Themen von ADS-Schülern besonders berücksichtigt, einen Bezug zum »richtigen« Leben herstellt und Arbeitsgemeinschaften für verschiedene Interessenlagen ermöglicht, wird geschätzt und vermittelt oftmals einen ganz neuen positiven Eindruck vom Kind. Dazu bieten sich Klassenprojekte (»Zirkus«, Natur- oder Sozialthemen …) an, die über Betroffenheit und Erlebnis motivieren, an sich zu arbeiten: Schule wird zum echten Lernort. Konzentrationsschwache sollten häufiger als üblich in einer Unterrichtsstunde persönlich angesprochen werden, es muss oft ihr Name fallen, gerade wenn andere Schüler an der Reihe sind. Spürt man das Nachlassen der Konzentration, kann das Aufrufen des hyperaktiven oder hypoaktiven Schülers mit einer eingebauten Hilfestellung bezüglich des Themas – z.B. Kurzfassung des bisher Erläuterten – nützlich sein, um ihn wieder einzubeziehen und um ein Bloßstellen auf jeden Fall zu vermeiden. Es ist empfehlenswert, möglichst kontinuierlichen Blickkontakt zum Kind zu halten.

Die Vereinbarung zwischen Lehrer und ADS-Kind über geheime Signale, die den Schüler immer wieder unauffällig zur Konzentration holen, bewährten sich ebenso wie nonverbale Gesten (z.B. das O.K.-Zeichen). Viele betroffene Kinder können mehrere Dinge parallel erledigen. Beim ausschließlich ruhigen Sitzen fällt ihnen das Aufpassen schwer, mit Bewegung geht manches besser. So kann das Erlauben kaum störender Nebentätigkeiten – wie Stifte spitzen, kleine Bilder auf den Heftrand zeichnen, Kaugummi kauen usw. – die Konzentration und das Durchhaltevermögen steigern. Der Toilettengang ist häufig ein Ventil für den kaum zu bändigenden Bewegungsdrang. Ähnlich entlastend können Aufträge wie Tafelputzen oder dergleichen wirken. Lehrer sollen auch die Modulationsmöglichkeiten ihrer Stimme gezielt einsetzen, um die Schüler wach zu halten und auf Wichtiges, dies auch wiederholend, hinzuweisen. Um das bekannte Aufdrehen in Phasen, in denen die Aufmerksamkeit einer Lehrkraft z.B. durch einen unvorhersehbaren Besuch in ihrer Klasse gebunden ist, zu reduzieren, erfolgt die unmittelbare Aktivierung einer immer parat liegenden Beschäftigungsliste bzw. des Materialpools über eine entsprechende Symbolkarte.

Der Einsatz von Lehrmitteln mit materialimmanenter Kontrolle (Lük-Kasten, Computerprogramme) – die Fehlermeldung geschieht sofort und ohne Trübung der Interaktion zwischen Lehrkraft und Schüler – erleichtert das selbstständige und das dem persönlichen Tempo gemäße Lernen. Erholungspausen mit kleinen geleiteten Bewegungs- oder Entspannungsübungen sind oft hilfreich (positive Visualisierung, Rückwärtszählen mit geschlossenen Augen, gezähltes Ausatmen, Musik hören, Gymnastik etc.). Will man auf Kinder eingehen, braucht man Zeit. Für ADS-Kinder sollte bereits im Vorfeld ein bisschen mehr Zeit eingeplant werden, was bereits erste Erfolge im Sinne einer Verhaltensveränderung bei den Zerstreuten bewirken kann. Über eine wohl wollende Einstellung, eine konsequente Anleitung und klare Unterrichtsgestaltung führen Lehrerinnen und Lehrer den Schüler sukzessiv zur entsprechenden Arbeitshaltung.

Um einem Kind gerecht zu werden, sollten vertrauensvolle Elterngespräche genutzt werden, die die bisherige Biografie und die aktuelle Lebenssituation verdeutlichen. Natürlich muss die Lehrkraft auch die Begabung bzw. die Leistungsfähigkeit des Schülers in Erfahrung bringen, um das richtige Anforderungsprofil erstellen zu können. Neben fachmännischer Beobachtung gehört zur objektiven Einschätzung eines konzentrationsgestörten Kindes bei Bedarf auch die Kooperation mit Beratungslehrern, Psychologen oder Fachärzten.

ADS-Kinder beanspruchen wie alle Kinder Geduld – aber über das übliche Maß hinaus noch eine Extraportion. Hat man dieses Bewusstsein, braucht man sich nicht mehr aufzuregen, wenn Prozesse eben mehr Zeit, Kraft etc. erfordern. Eine auf Fachwissen basierende Gelassenheit, die weiß, wann man sich zurücknimmt und wann sofort gehandelt werden muss, kann zur Entkrampfung des Alltags beitragen. Mädchen und Jungen, die unter ADS leiden, brauchen länger, um über kürzere Übungen zur entlastenden Automatisierung zu kommen. Bei der Einschätzung von Zeit bzw. beim Arbeiten unter Zeitdruck tun sich viele Kinder schwer, bei jüngeren Schülern bewährte sich die Benutzung von Sanduhren, Stoppuhren, bei älteren von Analogweckern, Analoguhren. Um Blockaden zu verhindern und die Merkfähigkeit zu steigern, wird der Einsatz von Reimen oder anderen möglichst lustigen Eselsbrücken gut aufgenommen und in erfreulichem Maße wirksam. Es erstaunt mich immer wieder, wie sehr sich vertiefendes Wiederholen – mit zuversichtlicher Haltung, einer gewissen Sturheit und der erforderlichen Geduld gepaart – bei diesen Kindern lohnt, man sollte als Bezugsperson auf keinen Fall frühzeitig aufgeben.

Obwohl ADS-Kinder nach außen um »coolness« bemüht sind, plagen sie doch oft viele negative, teilweise auch depressive Gedanken. Eine angstfreie Atmosphäre ist für die seelische Balance und für ein kreatives Lernen bedeutend. Motivation erreicht man verhältnismäßig leicht über eine freundliche Umgebungsstimmung. Mit Humor geht bei ADS-Kindern vieles besser. Fehler dürfen nicht übersehen werden, gleichwohl sollte ein lehrreicher, aufbauender Umgang mit ihnen gepflegt werden. Das impliziert, dass das beim Kind und seinen Leistungen vorhandene Positive erfasst und ausgedrückt wird.

Der Mensch ist zur Bewegung geschaffen. Pädagogen und Bewegungsfachleute stellen bei den Schülern einen fortschreitenden Verlust körperlich-sinnlicher Alltagserfahrungen und der damit verwobenen Handlungsspielräume fest. Um der natürlichen Bewegungsfreude von Kindern und dem Bewegungsdrang hyperaktiver Kinder entgegenzukommen, plant man in jedem Unterrichtsblock geordnete Bewegungsmöglichkeiten ein. Außer direkten Bewegungsangeboten für alle Schüler sollten weitere dezent einschiebbare Möglichkeiten zur Bewegung angeboten werden. Zeitweise lernt ein ADS-Kind auf dem Boden mit einem Teppich als Arbeitsfeld besser. Eine entsprechende Raumgestaltung für individuelle Pausen respektive Stimulationen (siehe Abschnitt »Äußere Gestaltung«, S. 69 ff) hilft. Durch eine kindgemäße Gestaltung des Unterrichts bezieht man die Bewegung ständig mit ein: Arbeitsblätter, Materialien an einem bestimmten Platz im Raum abholen, ggf. sich auf eine bestimmte Art dorthin bewegen; praktische Tätigkeiten einplanen; Lernen an Stationen; Einzelaufträge für ADS-Kinder. Dabei darf es sich unter Berücksichtigung einer besonders klaren Reglementierung nur um ein oder zwei Bewegungsaufgaben mit nicht gar zu langen Wegen ohne große Ablenkungsmöglichkeiten handeln. Im Sportunterricht bewährte es sich, zunächst den Bewegungsüberschuss durch ein paar Minuten Laufen abzubauen. Toben sollte vermieden werden, da sich hyper- und hypoaktive Kinder schlecht bremsen können. Falls es doch einmal zur Eskalation kommt, setze ich zur Beruhigung das Tragen relativ schwerer Gegenstände (Kisten, Matten) ein. Greift man die Bewegungsvorlieben hyperaktiver Kinder – Körperdrehungen, Schaukeln,

Hüpfen, Wippen, Rollen, Wälzen – im Unterricht auf, wird ihr unzureichend funktionierendes vestibuläres System stimuliert (Kiphard). Ein Sportunterricht, der seine Inhalte durch psychomotorische und motopädagogische Aspekte ergänzt, geht die heutzutage sich ständig ausweitenden Bewegungsdefizite mit an und schafft über die damit gleichzeitig erfolgende Persönlichkeitsstärkung vielfach erst die Voraussetzung für einen leistungsorientierten Unterricht. Gelungene, Freude und Ausgeglichenheit vermittelnde Sportstunden verlangen eine besonders gute Vorbereitung, damit alle Kinder nach klaren Regeln konstruktiv beschäftigt und gezielt gefördert werden.

Das von der Lehrkraft praktizierte *Prinzip der Klarheit, Ruhe und Umsicht* kann den schulischen Alltag für ADS-Kinder wesentlich erleichtern, denn eine berechenbare Umgebung wirkt entspannend und vertrauensbildend. Besonders schwer fällt den Kindern der Übergang von Schönem, Lustvollem zur Pflicht. Dieses Wissen sollte man in der Rhythmisierung des Alltags berücksichtigen. Gelingt es, zumindest zeitweise positive Gefühle bei früher unangenehmen Tätigkeiten/Situationen zu bewirken, kann das einen regelrechten Motivations- und Kraftschub auslösen. Classroom-Management verlangt nach eindeutigen Regeln, die Lern- und Verhaltenserwartungen ausdrücken. Beim Einführen von Regeln ist weniger mehr. Es kommt im Klassenverband darauf an, dass die gemeinsam in Ruhe besprochenen Regeln und der dazugehörende Sanktionskatalog bei Fehlverhalten äußerst konsequent kontrolliert und realisiert werden, um angenommen zu werden. Ein solides Wissen über die ADS-Problematik verhindert bei der Regelaufstellung fragwürdige Vereinbarungen. So sollte man dem Kind beispielsweise Bewegungsabfuhren durch nicht störende fein- und grobmotorische Handlungen gönnen. Um den Mädchen und Jungen gleichzeitig eine Orientierung für konstruktive Verhaltensweisen mitzuliefern, müssen Regeln immer positiv formuliert sein. Eine optische Darstellung – in wenigen Worten mit Piktogrammen – unterstützt die Wirkung und erspart vieles Reden. Ohne die

Bereitschaft des Lehrers zur ernsthaften Auseinandersetzung, die im Sinne einer Absichtserklärung dem Schüler die Einhaltung von wichtigen Regeln signalisiert, sind viele ADS-Kinder trotz Erläuterungen anfangs nicht umstimmbar. Dabei geht es nicht um herrschsüchtiges Reglementieren. Ein freundliches, aber eindeutiges, tonangebendes Auftreten vermittelt dem Schüler Orientierung und Halt. Dieses Prinzip wirkt auch in erfahrungsgemäß kritischen Situationen (z.B. Stuhlkreis, Kreisgespräch, Streit), wenn man vor Beginn der neuen Sitzordnung kurz die Regeln einschließlich ihrer Konsequenzen wiederholt sowie zeitliches Ausmaß und Thema passend wählt. Manche ADS-Schüler entfachen leicht Streit und steigern sich bei falschem Reagieren in starke Erregung. Je nach Situation kann eine kurze Auszeit für das Kind, abrupter Themenwechsel bzw. »Aus-dem-Feld-Gehen« durch die Lehrkraft hilfreich sein.

Eine Anmerkung zum Thema Auszeit: Eine solche Maßnahme sollte zum geeigneten Zeitpunkt möglichst frühzeitig erfolgen und nicht länger als 10 Minuten dauern. Zuvor hat die Lehrkraft zu klären, wo der Schüler hingehen muss (z.B. zur Nachbarklasse, Schulsekretariat), um der Aufsichtspflicht zu genügen. Dort führt er – ohne jegliche Zuwendung der Anwesenden – seine Aufgabe, beispielsweise Text abschreiben, aus. Allgemein empfiehlt es sich, Erziehungskonzepte mit den Eltern und der Schulleitung zu besprechen.

Werden unerledigte Pausenkonflikte oder dergleichen mit ins Klassenzimmer gebracht, kann kein Interesse an einem sachlichen Arbeiten erwartet werden. Ohne Ruhe zur Aufmerksamkeitsbündelung wird eine Aufgabenstellung nicht ankommen, der Arbeitsbeginn in einer Klasse nicht glücken. Ablenkende Materialien haben auf dem Arbeitstisch nichts zu suchen; ebenso sollte man die Kinder immer wieder unauffällig erinnern, Ordnung zu halten. Sie können prägnante Arbeitsaufträge und Anweisungen naheliegenderweise eher aufnehmen als »Vorträge«. Die Umsetzung einer Aufgabe gelingt bei sukzessiver Erledigung in Teilabschnitten wesentlich besser, da ansonsten unkonzentrierte Kinder häufig überfordert sind. Signalkarten, die

Vereinbarungen zwischen Lehrkraft und Kind darstellen (sofort anfangen, Ruhe, erst nachdenken, kontrolliere deine Arbeit, letzte Ermahnung vor einer Sanktion), unterstützen ADS-Kinder diskret und erleichtern ihre Einbindung in das Lehr- und Lerngeschehen. Die Gruppendynamik vorausschauend wahrnehmen heißt auch: Störungen bereits im Ansatz zu erkennen, sie umgehend zu stoppen oder auch produktiv umzulenken. Damit verhindert die Lehrkraft, dass sich das Kind in einen Erregungszustand hineinsteigert, der es unterrichtsmäßig außer Gefecht setzt und aus dem es selbst nur schlecht wieder herausfindet. Rechtzeitiges Einschreiten sowie eine gute Unterrichtsvorbereitung sichern das für das ADS-Kind wichtige Prinzip »Ruhe, Klarheit und Umsicht«.

Wahrscheinlich handelt es sich um eine allgemein anzutreffende, bestimmt aber unter Pädagogen übliche Sicht, dass nur Negatives sofort in den Mittelpunkt der Aufmerksamkeit gerät. Mit der Wahrnehmung von Erwünschtem hingegen tun wir uns oft schwerer, es ist uns eher selbstverständlich. Schüler mit ADS besitzen genauso wie normgesteuerte Kinder gute Eigenschaften und interessieren sich für bestimmte Themen, über die sie dann überdurchschnittlich gut informiert sind. Anerkennung und Hervorhebung dieser Kenntnisse können enorm motivieren. Zuweilen wirkt diese Erfahrung in Form einer gesteigerten Arbeitsbereitschaft auch in andere Felder hinein. Wir sollten uns dem Positiven zuwenden, es verstärken und Negatives primär ignorieren. Ein solches Vorgehen birgt ein großes Potenzial bezüglich Motivationsschub, Lernbegeisterung und Ausdehnung der Konzentrationsspanne.

Soziale Probleme hypo- und hyperaktiver Kinder sind vielfältig, darum gilt es, sich um die *Integration* der *ADS*-Schüler zu bemühen. Wie schon erwähnt, lassen sich diese Kinder leicht provozieren. Manche Mitschüler verstehen es, sie immer wieder schadenfroh auf ein hohes Erregungsniveau zu befördern. Ich rate davon ab, Petzen zuzulassen. Eine Lehrkraft sollte nur sanktionieren, wenn sie unerwünschtes Verhalten selbst beobachtet hat. Ansonsten besteht die Gefahr, Kinder ungerecht zu behandeln und speziell ADS-Kinder in einen teilweise unberechenbaren Eskalationsprozess zu manövrieren, der sich bei der nächsten (un-)passenden Gelegenheit dann überraschenderweise, weil oft zeitversetzt, entlädt. Auslachen durch andere Kinder und dergleichen muss untersagt werden, stattdessen sind Ermutigungen und dezente Hilfestellungen angebracht. Bei Konflikten sollte man sich möglichst nicht sofort zu Reaktionen hinreißen lassen, sondern zunächst den unerfreulichen Vorfall ignorieren und im Unterrichtsablauf weitermachen. Nach einem geeigneten zeitlichen Abstand spricht man dann klärend, auch über Wiedergutmachung usw., mit dem Betroffenen. Konzentrationsgestörte Mädchen und Jungen erhalten bis zu zweihundert Mal am Tag Kritik, Schimpfe und entsprechend abwertende Äußerungen. Wie soll das aufbauend wirken? Nachdem man weiß, dass im Kopf eines ADS-Kindes nicht selbst verschuldete Unordnung herrscht, kann man sich Aufforderungen wie »Konzentriere dich«, »Setz dich jetzt mal schön ruhig hin« sparen. Das Kind würde es mit Freuden tun, wenn es dazu nur in der Lage wäre. Um ein erwünschtes Verhalten zu erreichen, ignoriert man – soweit möglich – störendes Verhalten. Bei bedeutendem Fehlverhalten wird eine natürliche Konsequenz (zu Bruch gegangenes reparieren oder ersetzen) verlangt. Entscheidend für eine Verhaltensänderung ist – was wir alle nur zu leicht in der Alltagshektik vergessen – eine sofortige positive Konsequenz auf wünschenswertes Verhalten. Anerkennung, Lob empfinden manche Kinder geradezu als peinlich, obwohl gerade ADS-Kinder darauf angewiesen sind. Deshalb müssen diese Schüler behutsam verstärkt werden, um nach und nach damit umgehen zu lernen. Erfahrungsgemäß spricht die Mehrzahl auf eine unmittelbare Belohnung sehr gut an, denn ihnen ist der Spatz in der Hand immer lieber als die Taube auf dem Dach, die man irgendwann vielleicht bekommen könnte. Ein nächster Schritt in Richtung Änderung des Selbstkonzepts und Selbstkontrolle wäre es, beispielsweise ein Selbstbelohnungssystem mit Punkten zu entwickeln. Als Lehrer Modell für positives Verhalten sein, eine extrem konsequente Erziehung mit sofortiger Würdigung von gutem Verhalten praktizieren und Alternativen für unerwünschtes Verhalten – z.B. im Rollenspiel – erarbeiten, halte ich für ein wesentlich wirkungsvolleres Konzept als dauerndes Ermahnen.

Zeigt ein Kind Probleme in der *Selbststeuerungs- und Handlungsplanung*, benötigt es Orientierung; verunsichern es Veränderungen, braucht es Berechenbarkeit durch Vorankündigung. Klare Regeln, Strukturen, Grenzsetzungen und deren konsequente Beachtung sowie eine Lehrkraft, die durch ihre Persönlichkeit und ihr Handeln Position bezieht, geben dem Kind Halt. Gleichmacherei darf nicht das Ansinnen sein, denn ein sensibler Lehrer weiß, wie wichtig individualisierende Aspekte gerade bei ADS-Kindern sind; sie benötigen teilweise andere Maßstäbe und gewisse Spielräume. Nach meiner Erfahrung entwickeln Klassenkameraden ein sehr feines Gespür für einen – in Bezug auf die Gegebenheiten der Kinderpersönlichkeit – gerechten, ggf. Sondervereinbarungen einschließenden Umgang. Ein Lehrer, der einen äußerst konsequenten, am Positiven ausgerichteten Erziehungsstil anwendet, der das ADS-Kind versteht, annimmt und nicht zu viel spricht, schafft sich damit bereits eine gute Basis für eine erfolgreiche pädagogische Arbeit.

Unterrichtsmethoden

Bildungseinrichtungen müssen sich an den derzeitigen Lebensverhältnissen ihrer Klientel ausrichten. Das erfordert nicht nur neue Inhalte, sondern auch passende Vermittlungsformen. Der Lehrer wählt als pädagogischer Experte die geeignete Methode.

Ein konzentrationsbeeinträchtigtes Kind ist durch seine Reizfilterschwäche gezwungen, ständig alle Umgebungseindrücke aufzunehmen. Aus der spontanen Wahrnehmung heraus ist der Lehrer genauso wichtig wie die Fliege an der Wand. Kinder, die hungrig nach Reizen sind, suchen laufend Stimulierungen. Man sollte sich bewusst machen, dass sowohl eine Strafe als auch die

Zuwendung jeweils einen Reiz darstellen, der für das Kind auf seinem Wahrnehmungshintergrund eine willkommene Abwechslung bedeutet. Dieses »Wunschgemäße« bewirkt mit hoher Wahrscheinlichkeit eine Manifestation des zuvor gezeigten Verhaltens. Die *Verhaltenstherapie* erkannte schon frühzeitig, dass das Ignorieren eine sehr erfolgreiche Reaktion im Hinblick auf das Verringern bzw. Verschwinden von unerfreulichem Verhalten ist. Positive wie negative Konsequenzen müssen sofort erfolgen, um wirksam zu werden, da sonst gerade bei ADS-Kindern der Zusammenhang zwischen ihrer Aktion und der Reaktion der Lehrkraft nicht ersichtlich wird. Mit der Zeit lernt man in gewissem Maße Verhalten vorherzusagen und kann effizienter entscheiden, wann das Ignorieren und wann ein sofortiges Eingreifen sinnvoller ist. D.h., die Bezugspersonen müssen sich von vergleichsweise wirkungsarmen Dampfablassern wie Schimpfen, Toben sowie ellenlangen Diskussionen verabschieden und konsequent handeln lernen. Und noch ein Gedanke, der im Klassenzimmer permanent greift, da er ebenfalls dem Bereich übergeordneter psychologischer Wirkungsprinzipien angehört: Genau das, was man Kindern wiederholt über sie erzählt, und mit welcher Einschätzung man ihnen begegnet, werden sie später glauben (»self-fulfilling prophecy«).

Bei einem relativ eng gefassten, auf die Bedürfnisse konzentrationsbeeinträchtigter Schüler abgestimmten Unterrichtsrahmen muss die Selbstständigkeitsentwicklung der Mädchen und Jungen bedacht werden. Immer wieder ist zu prüfen, inwieweit das Kind durch intensives, kontrolliertes Üben die nächste Umsetzungsstufe erreicht hat und man ein Stück mehr an Selbststeuerung einfordern kann. Die Einbeziehung von *Selbstinstruktionen* forciert diesen Prozess. Viel zu häufig setzt man selbstverständlich voraus, Schüler würden in unserer von fertigen Angeboten übersättigten Konsumgesellschaft Vorgehens- und Lösungsstrategien von sich aus entwickeln. Im Zeitalter von TIMS und der PISA-Studie wird besonders bei schwächeren Schülern an die relevante Hinführung zur sinnerschließenden Bearbeitung von

Texten bzw. Aufgabenstellungen und die Bedeutung kreativer, lebensweltorientierter Problembewältigung erinnert. Gerade für ADS-Schüler heißt es, über klare Aufgabenstellungen, Teillösungsschritte und vorbildliche Außeninstruktionen allmählich den Weg zur Selbstinstruktion zu finden. Gemäß dem individuellen Entwicklungsstand werden Aufgabenportionen an den Schüler herangetragen mit der ausgedrückten Zuversicht, dass er die Teilziele bewältigen wird. Ein unmittelbares Lob nach erfolgreicher Erledigung eines Abschnitts motiviert zur Beendigung weiterer Teile bzw. der kompletten Aufgabe. Jüngere und zerstreutere Schüler benötigen dabei mehr *unterstützende Signale*. Solche intensiven Anregungen von außen können bei älteren bzw. selbstständigeren Kindern auch ablenken, deshalb muss das rechte Maß an Hilfsangeboten zur Verbesserung des Arbeitsverhaltens erprobt werden. Richtig eingesetzte Piktogramme, Bilder, schriftliche Aufforderungen (Checklisten) erleichtern ein systematisches ergebnisorientiertes Vorgehen. Dabei wird beabsichtigt, über ein mehrstufiges Training einen reflexiven Arbeitsstil bzw. den geschickteren Umgang mit schwierigen Situationen zu erlernen. Außerdem soll eine Selbstbekräftigung für Geleistetes vom Schüler erfolgen. Bei der Selbstinstruktionsmethode strebt man darüber hinaus an, das Gelernte auf neue Situationen möglichst eigenständig zu übertragen. Die im Abschnitt »Selbstinstruktions- und Strategietraining« (S. 101 ff) ausführlicher am Beispiel Förderstunde beschriebene Methode praktizieren Kollegen ebenso erfolgreich im Gesamtunterricht. Wobei die Lehrkräfte als Modelle die Strategien bzw. Arbeitsregeln vorführen und diese dann als Teil ihrer Instruktion bei Aufgaben oder direkt als Wissensinhalt vermitteln.

Auch ein *formelhaftes Vorgehen*, bei dem es vorrangig um die Entwicklung von Selbststeuerung und -vertrauen geht, kann beim Aufbau einer Arbeitshaltung und bei Verhaltensänderungen eingebunden werden. Darin trainierte Kinder sind oft in der Lage, sich über solche Formeln gut zu motivieren und zu kontrollieren. Vor unliebsamen Aufgaben können beispielsweise die

Sätze helfen: »Jetzt muss ich ganz tapfer sein; ich werde es schaffen«, »Augen wach, ich denk erst nach«, »Tief ein und tief aus, lass dann erst es raus«, »Ruhig und klar, geht's wunderbar« (Friedrich & Friebel 2001).

Gesprächskreise mit und ohne Thema – auch in der vertrauten Klassensitzordnung – können kathartisch und manches Mal sogar heilend wirken, denn man darf über alles sprechen, was einem am Herzen liegt. Allerdings gelten strikte Regeln: Es spricht immer nur eine Person; Kritik ist nicht erlaubt; wer sich nicht an die Regeln hält, wird ausgeschlossen; jeder kommt nur einmal für eine angemessene Zeit dran. Anfangs muss meistens ein minutiöser Zeitrahmen vorgegeben werden, später entwickeln sogar ADS-Kinder von selbst ein rechtes Zeitmaß, so dass ein organischer Prozess entsteht. Fertigkeiten – wie zuhören, sich verständlich ausdrücken können oder, wenn man an der Reihe ist, sich daran zu erinnern, was man sagen wollte – werden entwickelt. Erzählrunden sind eine außerordentlich effektive Methode, jeden Schüler in den Prozess von Kommunikation und Gruppenleben einzubeziehen und erwirtschaften unter langfristiger psychosozialer Betrachtung sogar einen Zeitgewinn.

Partnerarbeit stellt eine Chance für das ADS-Kind dar. Es muss jedoch gewährleistet sein, dass sich die Schüler an die zuvor dafür aufgestellten Regeln halten und die Methode nicht überstrapaziert wird. Findet das hypo- oder hyperaktive Kind einen passenden Partner, kann es durch wechselseitiges Unterstützen bessere Arbeitsergebnisse erreichen und die oftmals beobachtbare Freude an der Zusammenarbeit gibt ihm einen weiteren Motivations- bzw. Anstrengungsschub.

Eine *Binnendifferenzierung* durch Aufgaben, die sich im Hinblick auf die Schwierigkeit und den Umfang am augenblicklichen Leistungsstand des Schülers orientieren, sollen ihm erfolgreiches Arbeiten erlauben und ihn möglichst sukzessiv den Anschluss an die Gesamtgruppenarbeit erreichen lassen.

Phasen von *offenem Unterricht (Freiarbeit, Wochenplanarbeit)* sind für ADS-Kinder besonders zu bedenken. Sie bieten einerseits eine günstige Gelegenheit, den Schülern über individuell zugeschnittene Arbeiten neue positive Erfahrungen zu gestatten, durch selbst gewählte Aufgabenstellungen stolz zu neuen Erkenntnissen zu gelangen oder auch eine gezielte persönliche Unterstützung im Unterricht durch die Lehrkraft zu erhalten. Andererseits können sie bei nicht hundertprozentig klarer Struktur die Kinder mit ADS ins Chaos führen, weil sie sich nicht zurechtfinden, sich nicht entscheiden können und nicht von alleine in die Gänge kommen. Das selbstständige Erarbeiten eines Themas gelingt einem ADS-Betroffenen oft nur, wenn er gut vorbereitet innerhalb geordneter Arbeitsfelder Orientierung findet, Zwischenergebnisse (möglichst eigenverantwortlich) überprüft werden können oder er hochmotiviert für eine bestimmte Aufgabe ist. Der Vorteil offenen Unterrichts liegt in gewissen Wahlmöglichkeiten bezüglich des Lernstoffs, der Aufgabenart, der Reihenfolge, des Arbeitstempos und der Selbstständigkeitsförderung sowie der Schaffung individueller Lernzugänge. Eine solche Methode muss systematisch angebahnt werden und darf nur zu einem passenden Zeitpunkt unter Berücksichtigung der Klassenstruktur umgesetzt werden.

Beim Wahrnehmungsprozess, bei der *Wahrnehmungsförderung* bzw. dem *Lernen mit allen Sinnen* geht es um die Informationsaufnahme aus Umwelt- und Körperreizen (äußere und innere Wahrnehmung) sowie um die Weiterleitung, Koordination und Verarbeitung der Stimuli im Gehirn. Laut Montessori organisieren Kinder ihre Intelligenz durch Aktivität. Dabei sollen möglichst viele Sinne einbezogen werden, um eine optimale neuronale Vernetzung zu erreichen und um Defizite auszugleichen. Dieser Prozess wird durch individuelle Erfahrungen und subjektive Bewertungen geprägt. Nach der Aufnahme und Verarbeitung von Informationen folgen in der Regel Reaktionen in der Motorik bzw. im Verhalten eines Menschen, die wiederum zu neuen Wahrnehmungen führen. Ganzheitliche Wahrnehmungsförderung steht und fällt also mit der Motivation der Schüler zur Mitarbeit, um auch die emotionale Beteiligung der Kinder zu gewährleisten. Nach Ayres bleiben das Sehen und Hören diffus, wenn nicht körpernähere Systeme (taktiles, kinästhetisches, vestibuläres System) an der Informationsgewinnung beteiligt sind. Bei aufmerksamkeitsgestörten Kindern steigt durch die Übermittlung von Informationen über mehrere Sinneskanäle die Speicher- bzw. erfolgreiche Abrufwahrscheinlichkeit; ebenso wird ihrem erhöhten Bedürfnis nach Stimulation entsprochen. Die Bildung der Sinne, die Nahtstelle zwischen innen und außen, ist in unserer Zeit aktueller denn je. Heute leben die Heranwachsenden in einer reizintensiven und sensationsreichen Umwelt, ohne jedoch die Zeit und Gelegenheit zu haben, die Vielzahl der Reize zu verarbeiten; andererseits wachsen sie in einer bezüglich körperlich-sinnlicher Erfahrungen verarmten Umgebung auf. Die Wirklichkeit muss erspürt, Zusammenhänge müssen selbst entdeckt werden, damit Kinder die Welt verstehen.

Wenn Lehrerinnen und Lehrer neuere Erkenntnisse der Neurophysiologie in ihren Unterricht einbauen, erreichen sie auffällige Mädchen und Jungen leichter. Bei wichtigen Mitteilungen wie der Erteilung von Instruktionen, sollte man sich der Aufmerksamkeit der ADS-Kinder unbedingt vergewissern. So kann man den betreffenden Schüler beispielsweise an der Schulter anfassen, ihn mimisch ausdrucksvoll ansehen und mit ihm sprechen; werden auf diese Weise drei Wahrnehmungskanäle – dabei ein Sinn des wichtigen körpernäheren Systems – genutzt, erreicht man bei den Kindern einen höheren Anstieg der Konzentration. Schauen Lehrerin oder Lehrer jedoch während des Sprechens ausschließlich auf das Tafelbild, verringern sie die Intensität des Kontakts auf einen Wahrnehmungsstrang und die Aufnahmefähigkeit reduziert sich deutlich.

ADS-Kinder sind vielfach wahrnehmungsgestörte Kinder bzw. Kinder mit Verarbeitungsstörungen, die zu so genannten *Teil-*

leistungsstörungen resp. Teilleistungsschwächen (Legasthenie, Dyskalkulie) führen können.

Lese-Rechtschreib-Schwäche ist bei vielen ADS-Kindern ein sie kontinuierlich begleitendes Thema. Nach Bolvansky (2002) zeigen LRS-Schüler im Alter von 7 bis 11 Jahren im Vergleich zu nicht betroffenen Grundschülern enorme Fehlleistungen in den Wahrnehmungsbereichen: phonematisch, kinästhetisch, rhythmisch, optisch und melodisch. Einzelne Übungen zur Förderung der Differenzierungsfähigkeit der aufgeführten Bereiche können in den Unterricht eingebaut werden. Seit 1999 gibt es für den Vorschul- und Schuleingangsbereich ein nach meiner Erfahrung sehr empfehlenswertes Trainingsprogramm »Hören, lauschen, lernen« (Küspert & Schneider 2000), das innerhalb eines halben Jahres bei täglich ungefähr 10 Minuten spielerischer Übung die phonologische Bewusstheit und Konzentration enorm fördert und deutliche Vorteile beim Lesen- und Schreibenlernen bringt. Die so genannte Dyskalkulie (Rechenschwäche) drückt sich darin aus, dass die Schüler Schwierigkeiten haben, mit Mengen, Größen, Gewichten umzugehen, ebenso sind ihre Raumvorstellung und Orientierung meistens beeinträchtigt. Der verstärkte Einsatz kleinschrittigen, übersichtlich strukturierten Lernmaterials mit materialimmanenter Selbstkontrolle baut die Handlungskompetenz aus. Diesbezüglich hält der Unterrichtsmaterialienmarkt eine Fülle geeigneter Angebote bereit (s. Bolvansky in Czerwenka 1997). Um lernschwache Schüler jedoch bestmöglich weiterzubringen, muss Einzel- und Kleingruppenförderunterricht vorgesehen werden, der an ihrem individuellen Entwicklungsstand anknüpft. Den Eltern können spielerische Übungen für zu Hause oder die Inanspruchnahme eines mit ADS-Schülern erfahrenen Lerntherapeuten empfohlen werden.

Wahrnehmungsbeeinträchtigte Schüler gelten häufig als ungeschickt und unkonzentriert trotz guter oder sogar überdurchschnittlicher Intelligenz. Auffälligkeiten in der Körperwahrnehmung schlagen sich in der Regel in grob- und feinmotorischen Problemen nieder. Gerade im Sportunterricht steht die Verbesserung der kindlichen Wahrnehmungs- und Bewegungsprozesse im Blickpunkt. Leistungsspiele und harte Wettkampfsituationen sind für solche Kinder mit tendenziell geringer Frustrationstoleranz nicht bzw. nur vorsichtig dosiert angesagt. In internationalen Fachkreisen ändert sich das Sportverständnis: Es geht nicht mehr an erster Stelle um Leistungsstreben, vielmehr soll im Sinne ganzheitlicher Erziehung eine alle Persönlichkeitsbereiche umfassende Förderung des Kindes durch Bewegung erfolgen. Vor allem für ADS-Kinder birgt ein derartiger Ansatz neue Hoffnung, da sie über diese psychomotorische Schiene besonders gut zu erreichen sind. Dem Zurückdrängen von handwerklichen oder ästhetischen Unterrichtsfächern muss entgegengewirkt werden, da dort – unterstützt durch sachadäquate Gruppengrößen – gezieltes Fördern mit Freude durch selbst geschaffene greifbare Ergebnisse möglich ist. Grafomotorische Schwierigkeiten zwingen viele ADS-Schüler zu großen Anstrengungen beim Schreiben, z.B. um in den Zeilen zu bleiben. Sie haben ein langsames Arbeitstempo und müssen generell mit vermehrten Frustrationen klarkommen. Daraus resultieren nicht selten Selbstwertprobleme, die sich zu Verhaltensproblemen (sekundäre Störungen) ausweiten.

Lehrer sind nach Freed (1998) meist links-hemisphärische Menschen mit detailorientierter, akustischer Informationsverarbeitung im Gegensatz zu den tendenziell rechts-hemisphärischen ADS-Kindern. Die von ADS betroffenen Menschen bevorzugen eher den optischen Wahrnehmungskanal und eine nicht sequenzielle, vorrangig unwillkürliche Informationsverarbeitung. Also können Aufmerksamkeit und Aufnahme durch einen visuell ausgerichteten Unterricht, der vom Ganzen zum Detail führt, gesteigert werden. Vor diesem Hintergrund sollte man sich bei der Unterrichtsvorbereitung bezüglich der Methodenwahl – beispielsweise Lehrervortrag oder Demonstration – häufiger zu Gunsten der nachhaltiger wirkenden Demonstration entscheiden. Nonverbale Hilfestellungen können ADS-Kinder unauffällig lenken. Vereinbarte Symbole, Gestik, Mimik wirken oft segensreich für das Kind, entlasten die Lehrkraft und trüben nicht die Unterrichtsatmosphäre.

Um allen Schülern mit den verschiedenen Wahrnehmungsvorlieben/-störungen und Lernstilen gerecht zu werden, erfolgt am besten eine abwechslungsreiche, möglichst viele Sinne berücksichtigende Darbietung des Stoffs. Allerdings dürfen die Angebote auf keinen Fall verwirrend strukturlos sein. Es geht also darum, das Lernen mit allen Sinnen unter Einbeziehung der psychosozialen Wirklichkeit der ADS-Kinder regelmäßig in den Unterricht zu integrieren sowie eine Vielfalt von Leistungsbeurteilungen (siehe auch Abschnitt »Schulleitung und Kollegium«, S. 66 ff) zuzulassen, um auch für diese Schüler die Förderquote und ihre Lernbereitschaft zu erhöhen. Über die Einbeziehung perzeptiver Aspekte erreicht man einen abwechslungsreichen und kindorientierten Unterricht.

Eigentätigkeit ist laut der Lernpsychologie die intensivste Form des In-Besitz-Nehmens von Wissen, da der menschliche Organismus als Ganzes in den Lernvorgang einbezogen wird. Steigt die Anzahl der Wahrnehmungsfelder im Gehirn, nehmen auch die vorhandenen Assoziationsmöglichkeiten für das tiefere Verständnis zu. Ein von den Interessen und Problemen der Schüler ausgehender, *handlungsorientierter* (learning by doing) *Unterricht*, der auch Bewegungsmöglichkeiten und damit die Aktivierung des kinästhetischen, vestibulären Bereichs impliziert, kann nur empfohlen werden. Messen, Experimente, Modellbau, Ausstellungen, Aktionstage, Exkursionen, Kontakte zu öffentlichen Institutionen, Konzeptentwicklung und -erprobung stellen je nach Alter mögliche Aktivitäten auf dem Weg zum Erspüren von Selbstwirksamkeit dar.

Ein solcher Arbeitsansatz – der allerdings überwiegend mit mehr Vorbereitungszeit, größerer Bereitschaft, auf Kinderwünsche einzugehen, und höherer Flexibilität für Lehrer verbunden ist – fördert die Aufmerksamkeit, Geschicklichkeit, Handlungsplanung und den Realitätsbezug.

Inhaltlich fügt sich der so genannte *fächerverbindende, projektorientierte Unterricht* nahtlos an. Mit einer holistischen Lehrmethode, die einen lebensnahen, kinderaktiven Unterricht anstrebt, begeistert man besonders ADS-Kinder. Er erleichtert Schülern zusammenhangvolles Lernen und ihre Ideen sinnvoll in Beziehung zu setzen. Handelt es sich um schülerrelevante Themen, dann schaffen es selbst hypo- und hyperaktive Kinder, sich intensiver und länger damit zu befassen. Unterrichtsmethoden unter Berücksichtigung der Selbsttätigkeitsentwicklung der Kinder führen immer wieder und damit häufiger zur Konzentration, verstärken die Aufnahmefähigkeit und Handlungskompetenz; somit tragen sie zu einer umfassenderen Bildung bei.

Die Integration von *Spielen* lockert einen Unterrichtsvormittag nicht nur auf, sondern ist eine kindgemäße, Freude stiftende Methode, die Sozialverhalten und Konzentration bei geeigneter Spielauswahl und regelorientierter Durchführung sozusagen nebenbei fördert. Im sozialen Bereich dienen Rollenspiele oder das Theaterspielen nicht nur der Problemlösung, sie liefern ebenfalls Modelle. Selbstsicherheit und Ausdrucksfertigkeiten werden geschult. Außerdem veranlassen sie, sich in die Lage eines anderen hineinzudenken. Oftmals decken solche Aktivitäten die Kreativität und Sensibilität der aufmerksamkeitsgestörten Kinder auf und lassen diese Schüler in einem neuen Licht erscheinen.

Von einer umfassenden Sicht ausgehend, kommt man zum Fokussieren. *Kleinschrittiges systematisches Vorgehen* im Unterricht bewährt sich, um Lücken durch die fehlende Konzentrationskonstanz zu vermeiden. Es gilt, immer wieder über Rückfragen den augenblicklichen Stand des ADS-Schülers zu eruieren sowie das Vermittelte bzw. Erarbeitete zusammenfassend zu sichern. Ein regelmäßiges Abfragen von Merksätzen, Regeln und nicht überfordernden Gedichten ist wie häufige kleine, schriftliche Überprüfungen für die Kinder nötig, um in überschaubaren Portionen ihre Merkfähigkeit zu trainieren. Dazu gehört auch, sie behutsam von schnell zu lösenden zu umfangreicheren Aufgaben zu führen. Aufmerksamkeitslabilen Kindern fällt – selbst wenn sie die Aufgabe verstanden haben – die Umsetzung schwer; sie muss überwiegend in Teilschritten erfolgen. Das Kontrollieren der eigenen Arbeit stellt eine weitere Schwierigkeit dar. Die Aufforderung zur selbstständigen Überprüfung der gesamten Arbeit kann man sich anfangs deshalb ersparen, realistischer ist ein Nachsehen in entwicklungsgemäßen Abschnitten mit Lehrerunterstützung. Die Überarbeitung in anderer Farbe bewährte sich. Eine Hilfe – keine Strafe – kann in Ausführungssituationen das Alleinsitzen sein. Ich biete solche Arbeitsplätze (möglichst mit dem Rücken zur Klasse, ggf. auch im Flur) zum Ausprobieren an. Es ist oftmals beeindruckend, um wie viel schneller und mit welcher Fehlerreduzierung die Kinder dann ihre Arbeiten bewältigen. Sie bitten nach dem Erleben solcher Verbesserungen häufig von selbst um Einzelarbeitsplätze. In anderen Unterrichtsphasen sitzen sie im Klassenverband vorn.

Übersichtliche Strukturen und unauffällige, aber wirkungsvolle Unterstützungsmaßnahmen kommen allen Schülern zugute. In vielen Klassen tritt etwa im Abstand von 10 Sekunden ein Verhalten auf, das den Lehrer direkt oder unterschwellig beeinflusst (Czerwenka 2002). Um in manchen Situationen überhaupt noch zum Unterrichten zu kommen, ist es nötig, das Schülerverhalten möglichst nonverbal über Regeln, individuelle Absprachen und entsprechende Hilfsmittel zu steuern. Verbale Ermahnungen bleiben nur sehr kurz in Erinnerung; Vereinbarungen können über Zeichen wirkungsvoller verankert werden. Aber auch dann benötigt die Lehrkraft einen langen Atem, um immer wieder mit Ruhe und Bestimmtheit zu dem gewünschten Verhalten anzuhalten.

Eine Übersicht bezüglich des Ablaufs eines Schultags gibt ADS-Kindern Sicherheit. Der Tagesplan kann in Form eines Tafelanschriebs sichtbar gemacht werden. Der Einbau von Ritualen und Routinen schafft Orientierungspunkte. Die damit implizierte Verlässlichkeit ermöglicht Besinnungsphasen, Geborgenheit, Entlastung, Kraftschöpfen und Bereitschaft für Neues. Zu Unterrichtsbeginn sollte man sich vergewissern, dass alle Kinder aufnahmebereit sind und es im Klassenzimmer ruhig ist. Die Schüler müssen einen Überblick über die Aufgabenstellung erhalten, sie müssen das schülerorientierte Ziel kennen. Äußerst klar formulierte, knappe Arbeitsaufträge mit passendem Arbeitsumfang und in sinnvolle Portionen aufgeteilte Arbeitspäckchen erhöhen die Anzahl positiver Arbeitsergebnisse. Demonstrationsphasen heben die Konzentrationsbereitschaft. Piktogramme bzw. Signalkarten führen den Schüler ruhig und elegant zu den benötigten Arbeitsmaterialien und lassen ebenso Verhaltenserinnerungen förmlich »ins Auge springen«. Arbeitsblätter sollten zuerst ausgeteilt werden, damit das ADS-Kind die Instruktion unmittelbar vor dem Arbeiten aufnimmt, in umgekehrter Reihenfolge weiß es oft nicht mehr, was es tun soll. Über kürzere – dafür mehrmalige – Übungsphasen, in denen ADS-Kinder intensiv bei der Sache sind, erreicht man bei ihnen effizienteres Lernen.

Die nachstehenden kleinen Tipps bewährten sich ebenfalls in der Praxis: Papiere mit größeren Kästchen für Mathematik (in die auch schräg geschriebene Zahlen übersichtlich eingetragen werden können); Hefte mit großen Zeilenabständen über die erste Klasse hinaus; gut strukturierte Arbeitsblätter; Kopien von Büchertexten anfertigen, darauf wesentliche Punkte markieren lassen; Abdeckpapiere zum systematischen Vorgehen; einen Karton mit einer Aussparung, einem Fenster, das dem Schüler ermöglicht, sich auf einen kleinen Ausschnitt des Textes zu konzentrieren oder durchsichtige Klarsichtpfeile einsetzen, die vorausschauendes bzw. rückversicherndes Lesen ermöglichen, die altbewährte visumotorische Abtaststrategie (Wörter mit dem Finger begleiten) erlauben; lautes Rechnen oder Lesen in bestimmten Fällen fördern die Konzentration bzw. erleichtern manchen Kindern das schriftliche Arbeiten. Der zusätzliche Einsatz von Musik während bestimmter Unterrichtsphasen kann sinnvoll sein, da durch die Stimulation eines weiteren, des auditiven Wahrnehmungskanals, die Ablenkung reduziert wird. Bei Diktaten machten einige Kollegen schon gute Erfahrungen, als sie den Kindern erlaubten, mithilfe des Wörterbuches vor Abgabe ihre Arbeit selbst kontrollieren zu dürfen.

Der gezielte Einsatz neuer Materialien, das Bemühen um eine abwechslungsreiche, lebendige Unterrichtsgestaltung mit Sinn für Humor fruchten. Über die kindlichen Interessen und die Freude am Tun gelingt es, auch ADS-Kinder länger als mit einem ausschließlich trockenen Unterrichtsstil bei der Sache zu halten. Damit meine ich nicht, dass Lehrer die Rolle des Alleinunterhalters spielen sollten. Vielmehr reicht eine lebendige Unterrichtsart mit gezielter Stimulation, um die kindliche Konzentrationsleistung zu steigern. So erstaunt es mich beispielsweise immer aufs Neue, wie der bewusste Einsatz meiner Stimmmodulationsmöglichkeiten die Aufmerksamkeit unterstützt. 5-Minuten-Bewegungsphasen, die nicht freies Toben meinen, sondern geleitet sind, tun allen gut. Um dem unersättlichen Bewegungsdrang hyperaktiver Kinder entgegenzukommen und um danach eine größere Konzentrationsbereitschaft vorzufinden, können überschaubare Aufträge und Besorgungen (Tafeldienst, Unterrichtsmaterialien holen) ebenso hilfreich sein. Die üblichen Rangeleien beim Aufstellen, beim Zusammenkommen zur Kreis- oder Gruppenarbeit bekommt man durch das Einüben bestimmter Vereinbarungen (ordnen nach Reihen, Partnern, Alphabet etc.) in den Griff. Man sollte jedoch in Intervallen andere Kinder auswählen, damit möglichst keine Rollenfixierungen als Nebeneffekt entstehen.

Arbeitsphasen werden von offenen oder unterschwelligen negativen Emotionen beeinträchtigt. Um Konflikte zu verhindern bzw. sie nicht eskalieren zu lassen, muss möglichst frühzeitig eingegriffen werden und es darf wenig Verstärkung für unfreundliches Verhalten erfolgen. Konfrontative Blickkontakte können z.B. in kürzester Zeit das Erregungsniveau bei ADS-Kindern hochtreiben, deshalb: Blickkontakt wegnehmen und die Stimme senken, damit sich die Situation entkrampft. Die Alltagsarbeit in der Schule, besonders in einer Klasse mit ADS-Kindern, erfordert von der Lehrkraft einen hohen Anteil an Selbstkontrolle. So gehört es unbedingt dazu, erteilte Arbeiten immer umgehend anzusehen und Rückmeldungen zu geben. Wenn es die individuelle Anstrengung bzw. Ausführung – selbst nur in Teilbereichen – zulässt, muss auf jeden Fall gelobt werden. Man verdeutlicht Schwachstellen bei gleichzeitiger zuversichtlicher Hilfestellung. Bei den Hausaufgaben und bei Prüfungssituationen lohnt es sich über individuelle, neue Ansätze nachzudenken. Fragt man Wissen durch Multiple-Choice-Aufgaben, unter Computereinsatz oder mündlich ab, schneidet ein konzentrationsgestörtes Kind oftmals wesentlich besser ab als bei herkömmlichen Prüfungsformen.

Um aus ihrem eigenen Chaos herauszufinden, benötigen Kinder mit ADS feste, gleich bleibende Strukturen, eindeutige Regeln und eine ausgesprochen konsequente Erziehung.

Ich weiß, wie anstrengend die Realisierung dieses Ansatzes bei einem oder gar mehreren konzentrationsgestörten Schülern in einer Klasse ist. Die *verhaltenstherapeutische Methode* ist jedoch bei richtiger Anwendung – wie viele Untersuchungen belegen – bisher der erfolgreichste Weg im Umgang mit ADS-Kindern. Das darin implizierte Prinzip lautet: sofortige positive Verstärkung bei erwünschtem Verhalten, augenblickliche Sanktionierung mit möglichst natürlicher Konsequenz oder Nichtbeachtung bei unerwünschtem Verhalten (Ignorieren natürlich nur bei Fehlverhalten, wenn keine Gefahr im Verzug ist). In diesen Regeln liegt der Schlüssel zum Aufbau erwünschten Verhaltens. Es wird oft vergessen, selbstverständlich erwartetes, positives Verhalten zu erwähnen, weil auch dies Arbeit ist und die Bedeutung der Feststellung »Positive Konsequenzen kommen vor negativen Konsequenzen« nicht so geläufig ist. Untersuchungen belegen: Die meisten Lehrkräfte loben recht wenig. Über ein simples Selbstkontrollsystem kann man das eigene Verhalten verbessern. Man führt z.B. eine Strichliste oder nimmt bei jeder positiven Verstärkung aus einer mit Muggelsteinen oder dgl. gefüllten Schale ein Teil und legt es in die zunächst leere zweite Schale. Die Befürchtung, dass sich Lob erschöpfen könnte, trifft bei den so genannten schwierigen Kindern ganz selten zu, vielmehr sehnen sie sich nach häufiger positiver Rückmeldung. Je selbstdisziplinierter ich diese Methode im Unterricht handhabe, desto beachtlicher verbessern sich das Verhalten, die Leistungsbereitschaft der Kinder und die Klassenatmosphäre. Manche Klasse wurde dadurch erst arbeitsfähig. Sich bei Erinnerungen an Absprachen positiv auszudrücken und nicht die Negativform zu wählen, gehört ebenso zu diesem Thema. Strafen müssen einschätzbar sein, deshalb vereinbart man bereits im Vorfeld Sanktionen bei Regelmissachtung (Time-out oder Auszeit, Wiedergutmachung, Entzug von Privilegien). Durch die vorherige Besprechung kann eine Regelung sofort kommentarlos realisiert werden. Das Time-out wird eingesetzt, wenn sich ein Kind unmöglich benimmt, die Klasse heftigst stört und auf übliche Interventionen nicht reagiert. Ich ziehe die nachstehende Ausführungsvariante vor: Vor der unumstößlichen Durchführung des Time-outs, das durch das Zeigen der roten Karte signalisiert wird, gibt es als einzige Warnung das Hochhalten der gelben Karte. Bestrafungen sind meistens unabdingbar, damit ein Orientierungsrahmen entsteht. Sie sollten allerdings selten praktiziert werden, denn sie liefern dem Kind kein Modell zum Aufbau geeigneter Verhaltensweisen. Ein schulisches Dilemma resultiert aus der begrenzten Zeit zur individuellen Arbeit mit dem Kind. Verhaltensänderungsprogramme erfordern nicht nur ein hohes Maß an Selbstdisziplin der Lehrkraft, sie strengen auch extrem an, wenn sie parallel zum eigentlichen Unterricht bewerkstelligt werden müssen. Deshalb muss man sich Prioritäten setzen und zunächst nur ein bis drei sehr störende Verhaltensmuster angehen.

Man kann kleine Verträge mit störenden Kindern abschließen und das *Punktesystem* einführen. Ein hypo- oder hyperaktives Kind benötigt beispielsweise sehr viel Zeit, um das passende Buch im Ranzen zu finden, um seinen Arbeitsplatz vorzubereiten, um bei schriftlichen Arbeiten in die Gänge zu kommen. Ein Vertrag könnte lauten: »Es gibt einen Punkt, wenn du am Anfang des Deutschunterrichts alle Materialien schnell parat hast und sofort anfängst.« Auf einer Wochenliste wird für jedes Erfüllen der Vereinbarung ein Punkt von der Lehrkraft oder durch den Schüler (mit Lehrerkontrolle) unter Loberteilung eingetragen. Die Abrechnung des Punktekontos erfolgt täglich/wöchentlich je nach Lebensalter. Beim Erreichen einer vereinbarten Punktzahl erhält der Schüler eine Belohnung: einmal keine Hausaufgaben; besonders beliebte Tätigkeiten in der Klasse ausführen dürfen; kleine Geschenke. Die Belohnung kann auch an die Klasse weitergeben werden: eine Spielstunde, vorlesen oder weniger Hausaufgaben für alle. In Absprache mit den Eltern ist es möglich, die gesammelten Punkte für ein größeres Geschenk anzusparen (CD, Ausflug mit den Eltern, Fahrrad). Nach der Einführungsphase kann über einen Selbstkontrollbogen des Schülers (in Anlehnung an den Detektivbogen im Anhang) der begonnene Arbeitsansatz bzw. seine Weiterentwicklung forciert werden. Wenn das erwünschte Verhalten stabiler wurde, müssen die Anforderungen erhöht werden und die Belohnungen systematisch intermittierend auslaufen.

Eine weitere verhaltenstherapeutische Methode stellen *Token-Systeme* dar. Ich konnte damit schon bemerkenswerte Verhaltensänderungen im Hinblick auf Ruhe während der Arbeitsphasen, Steigerung der Anstrengungsbereitschaft und Verbesserung der Arbeitsergebnisse in einer Klasse mit mehreren ADS-Schülern erreichen. Jedes Kind erhielt dieselbe Anzahl von Tokens (Spielmarken, Holzplättchen, Muggelsteine oder dgl.) in einem Gefäß am Arbeitsplatz. Die vereinbarten Regeln: In Arbeitsphasen ist es ruhig im Klassenzimmer, jedes Kind arbeitet selbstständig. Wer sich danach richtet, behält seine z.B. drei Teile. Jedes Stören bedeutet, dass ihm eine Marke abgenommen wird. Dieses Wegnehmen (»response lost«) eignet sich besonders bei jüngeren Kindern. Der Schüler, der nach der Stunde (oder entsprechend der Leistungsfähigkeit nach x Minuten) noch alle drei Stücke hat, darf dann dieses tun, wer noch zwei Marken hat, jenes usw. Findet man je nach Alter und begehrten Tätigkeiten ein greifendes Belohnungssystem, erhält man eine probate Möglichkeit, erwünschtes Verhalten überhaupt und relativ schnell aufzubauen. Es empfiehlt sich, das Token-System in einer Schulstunde täglich – am leichtesten bei Frontalunterricht – einzuführen. Nach erfolgreichem Anlaufen kann der Arbeitsansatz auf weitere Stunden ausgedehnt werden. Im Gegensatz zu meiner durch viele Problemkinder nötigen klassenbezogenen Anwendung werden operante Methoden wie das Punkte- oder Token-System vielfach nur bei einem auffälligen Kind praktiziert. Richtig eingeführt stellen solche Verhaltensmodifikationsmethoden, bei Einzelnen eingesetzt, für die Klassenkameraden kein Problem dar, besonders wenn die damit verbundenen Vergünstigungen teilweise der gesamten Klasse zuteil werden. Gerade ADS-Kinder reagieren auf derartige unmittelbar »antwortenden« Konzepte ausgesprochen positiv, zumal sie mit deren Hilfe häufig eine neue, wesentlich vorteilhaftere Rolle in der Klassengemeinschaft erhalten. Weitere Vorteile dieser Maßnahme, die natürlich äußerst konsequent umgesetzt werden muss, sind: Das lästige Ermahnen entfällt, und durch die nonverbale Art entwickelt sich eine von Ruhe sowie extremer Klarheit gekennzeichnete – vielleicht für viele Kinder ungewohnt angenehme – Arbeitsatmosphäre. Dieses Vorgehen eignet sich auch für Anfangssituationen, um klarzumachen, worum es bei Regeln überhaupt geht und was mit konzentriertem Arbeiten gemeint ist. Token-Systeme werden nach und nach ausgeblendet, je nach Lernfortschritt des Schülers/der Klasse. Steht die Lehrkraft hinter einem solchen Programm, werden ihre optimistischen Erwartungen die Veränderungsprozesse zusätzlich unterstützen.

Bei besonders auffallenden ADS-Kindern erwies sich Einzelunterricht in einer *Förderstunde* – gerade zu Beginn einer Zusammenarbeit – als ausgesprochen hilfreich. Zum einen lernt die Lehrkraft den Schüler besser kennen und die wichtige Beziehung kann leichter aufgebaut werden; zum andern ist in dieser Eins-zu-eins-Situation das Kind weniger abgelenkt, vermag sich besser zu konzentrieren und zu zeigen, was es zu leisten in der

Lage ist. Einzel- oder auch Kleingruppenarbeit durchbrach schon häufig destruktive Kreisläufe.

Seit einigen Jahren wird es für mich immer wichtiger, Zeit für Relevantes zu sichern und mich nicht vom herrschenden Zeitdruck und der immens steigenden Hektik überrollen zu lassen. Der Schulalltag sollte von Qualitätsbestrebungen und nicht von oberflächlichem Aktionismus bestimmt werden, das gilt für die Stoffvermittlung genauso wie für die zwischenmenschliche Interaktion. Offene Kommunikation lässt ehrliche Rückmeldungen zu, um voneinander zu lernen. Befragt man ADS-Schüler nach extremen Stress-Situationen in der Schule, so rangieren auf den ersten Plätzen dieser »Hitliste« (s. Aust-Claus, Hammer 1999) folgende Verhaltensweisen:

1. Man wurde bestraft, ohne es dieses Mal gewesen zu sein.
2. Lehrer und Mitschüler reden während der Klassenarbeit.
3. Lehrer äußert gemeine Dinge über den Schüler und alle lachen über das Kind, den Jugendlichen.
4. Die meisten Lehrer reden zu viel. Die Schüler würden Folien, Dias, Videos und mehr Versuche bevorzugen.
5. Die Lehrkraft schreit ständig.

Letztlich geht es bei allen pädagogischen Bemühungen hauptsächlich darum, das Wissen, die Fähig-/Fertigkeiten, das Selbstbewusstsein und die Selbstständigkeit der Kinder zu fördern. Wählt man geeignete Methoden – vielleicht entdeckt man auch den einen oder anderen »Königsweg« – für das aufmerksamkeitsgestörte Kind, bei denen es Anerkennung, Ermutigung und Freude erfährt, wird es sich weiterhin anstrengen und dadurch seine persönlichen Entwicklungsmöglichkeiten optimal ausschöpfen.

Förderstunden

Beim Aufbau und der Gestaltung von Förderstunden für ADS-Schüler erwies sich je nach Alter und individueller Problematik neben der Anwendung entsprechender Förderprogramme das zielorientierte Spielen ebenfalls als wirkungsvoll. Manchmal ist zunächst – auch unter dem Aspekt des Beziehungsaufbaus – eine Einzelarbeit angebracht, die dann in eine Kleingruppenarbeit mündet. Ein verständnisvolles Zusammensein zu erleben, trotz konsequenten Verhaltens Wohlwollen zu spüren und ein vertrauensvolles Kontaktangebot zu erhalten tut auffälligen Kindern gut. Besonders bei den Schulanfängern, die sich oft noch zwischen Illusion und Realität bewegen, erlebe ich eine große Bereitschaft, sich über sie beschäftigende Erlebnisse durch das Malen, Erzählen oder Spielen erleichternd mitzuteilen, um danach offen für von außen herangetragene Inhalte zu sein. Folgende Ziele sind erreichbar: Die Kinder trainieren das Regeleinhalten, lernen sich zunehmend zu steuern, gehen mit Frustrationen besser um, bauen ihre Ausdauer aus, erhalten spezifische Förderungen (z.B. genau hinsehen und -hören, Bilder analysieren und beschreiben lernen, Informationen aus Tonbandkassetten heraushören, Geschichten nacherzählen, Nachahmen von Vorgespieltem, sich im freien Ausdruck und bei Problemlösungsstrategien erproben), üben sich in der Kleingruppenkommunikation sowie in der Konfliktbearbeitung (soziales Kompetenztraining) und verbessern ihre Befindlichkeit. Tisch-, Brett-, Konstruktions-, Geschicklichkeits-, Stop-and-go-, Körpererfahrungs- und Rollenspiele bieten sich hierfür an und sollten dem Einsatz von Büchern und Arbeitsblättern vorgeschaltet werden.

Verhaltenssteuernde Beobachtungsbögen vermögen Förderstunden zu intensivieren. Mithilfe dieser Bögen, auf denen konkret die erstrebte Verhaltensänderung benannt ist, können das Kind und die Lehrkraft nach der Stunde ein Symbol für geglücktes oder auch nicht gelungenes (oder indifferentes Verhalten) eintragen/einkleben. Der Transfer eines solchen Ansatzes kann in Kooperation mit den Eltern auch auf häusliche Themen (Hausaufgaben etc.) erfolgen. Nach einer überschaubaren, vereinbarten Zeit wird bilanziert. Bei überwiegend positivem Verhalten erfolgt eine kleine Belohnung. Will der betroffene Schüler von sich aus eine solche Selbstkontrolle ernsthaft in Angriff nehmen oder womöglich gar in andere Bereiche übertragen, stellt das einen großen Entwicklungsschritt dar.

Selbstinstruktions- und Strategietraining

Um ADS-Kinder von ihrem impulsiven Arbeitsstil zu einem reflexiveren zu führen, bewährte sich bei 5/6- bis 10-Jährigen der Aufbau einer systematischen Arbeitsstrategie, das auf Meichenbaum & Goodman basierende »Selbstinstruktionstraining« (Wagner 1976, 2002). Etwas modifiziert wirkt es auch bei aufmerksamkeitsgestörten Jugendlichen (und Erwachsenen) besonders erfolgreich durch die mit dem Alter zunehmende Fähigkeit, sich auf die Ebene der Metakognition zu begeben. Die Vermittlung der Arbeitsstrategie kann in Einzelförderstunden und, mit einer geübten Lehrkraft, ebenso in Kleingruppenförderstunden erfolgen.

Das Übungsprogramm leitet an, sich bei der Bearbeitung von Aufgaben mehr Zeit zu lassen und durch ein sorgfältigeres Vorgehen weniger Fehler zu machen. Der Trainer demonstriert die Erledigung einer Aufgabe, indem er vor jedem Handlungsschritt Schlüsselfragen stellt und erst nach deren Beantwortung praktisch arbeitet.

Denkpsychologie und Verhaltenstherapie liefern die Basis dieses strategischen Vorgehens, das die nachstehenden Schritte laut Wagner (2002) beinhaltet:

- Aufgabenanalyse
  Was soll ich tun? Was ist genau meine Aufgabe?
- Materialanalyse
  Was brauche ich, wie viele wichtige Einzelheiten gibt es?

- Zielanalyse
  Wo will ich eigentlich hin? Wozu mache ich das jetzt?
- Konfliktanalyse
  Warum komme ich nicht weiter? Wie kam ich eigentlich bis hierhin?
- Formulierung von Teilzielen
  Wie weit bin ich schon? Was müsste jetzt folgen?
- Bewältigung von Frustrationen
  Fehler sind nicht schlimm. Das kann ich wieder gutmachen. Ich werde noch sorgfältiger arbeiten.
- Aufforderung zum Zeitlassen
  Kleine Pause! Hauptsache, es wird richtig. Ich habe genug Zeit.
- Bewertung von (Teil-)Ergebnissen und Selbstlob für die erbrachte Leistung
  Bis jetzt ist alles richtig. Das habe ich gut gemacht. Das andere kann ich auch noch packen. Ich hab's (allein) geschafft.

Die Modellperson führt das Verlangte vorbildlich und verständlich aus, indem sie ihr Tun mit deutlichen Gesten und klar sprechend begleitet.

Wie bei jedem Training gilt auch hier: Je lebendiger und enthusiastischer die Instruktion erfolgt, desto größer ist die Aufmerksamkeit beim Empfänger. Auf der nächsten Trainingsstufe sagt die Lehrkraft nur noch die Instruktionen und der Schüler bearbeitet die Aufgabe. Anschließend sollte so lange mit Unterstützung der Lehrkraft geübt werden, bis das Kind die Anleitungen sicher selbst beherrscht und sich beim Arbeiten selbst verbal führt. Das Flüstern der Selbstinstruktion stellt den nächsten Trainingsabschnitt dar. Die letzte Trainingsphase beinhaltet das selbstständige Erledigen der Aufgaben, indem der Schüler die Handlungsanweisungen denkt – »in seinem Kopf spricht«.

Dieses Training steigert die Fähigkeit zur Handlungsplanung, eine reflexive Arbeitsumsetzung, die Selbstbeobachtung und somit die Steuerungsfähigkeit von Schülern mit Konzentrationsstörungen. Im Sinne einer Herausforderung gilt es danach, den Transfer auf Alltagssituationen des Kindes zu versuchen.

Einige Untersuchungen weisen auf die Wirksamkeit von Selbstmanagementtrainings hin. Ab dem 2. Schuljahr kann es eingesetzt werden. Zunächst erarbeitet man das Verhaltensziel. Dann erfolgt die Festlegung auf die Beobachtungszeit und die Besprechung des »Detektiv-Bogens« (s. Anhang), in dem festgehalten wird, ob das Kind die Verhaltensänderung sehr gut, gut oder gar nicht schaffte. Zu Anfang kann eine kleine Belohnung die Bemühungen beflügeln.

Inzwischen gibt es verschiedene Variationen derartiger Trainingsformen. Ausgearbeitete Förderungen für ca. 6- bis 12-Jährige findet man in Lauth & Schlottke (1999) für die Themenbereiche Basisfertigkeiten, Strategietraining, Wissensvermittlung und soziale Kompetenz. Ein von Lauth & Schlottke empfohlenes Trainingsprogramm zur Lernförderung für die Klassenstufen 5 bis 10 (Glubrecht et al. 1989) finden Sie ebenso wie das THOP von Döpfner et al. (2002) im Literaturverzeichnis unter Trainings-/Therapieprogramme.

Hausaufgabenerteilung und organisatorische Hilfen

Viele ADS-Kinder sind am Ende einer Stunde, wenn sich allgemeine Aufbruchstimmung verbreitet, nicht mehr in der Lage, Hausaufgaben aufzunehmen, geschweige denn aufzuschreiben. Von daher sollte man Hausaufgaben an einer sinnvollen Sequenz bereits vor Ende des Unterrichts in ein Hausaufgabenheft eintragen lassen. Hausaufgabenhefte oder -hefter können den täglichen häuslichen Kampf um die Hausaufgaben stark reduzieren. Wenn eine entsprechende Vereinbarung mit Kontrolle (ggf. abzeichnen) besteht, entfallen bei den Hausaufgabenbetreuern viel Unklarheit, womöglich Herumtelefonierenmüssen und vor allem Misstrauen dem Kind gegenüber. Um das Notieren für die Kinder zu erleichtern und um Zeit im Unterricht zu sparen, können Vordrucke mit Datum und den Fächern, unter denen Schlagworte wie »Bücher«, »Hefte«, »Arbeit am« usw. aufgelistet sind, für jede Woche kopiert und abgeheftet werden (s. Anhang). Manchmal reicht es auch aus, wenn der Schüler die entsprechende Seite in seinem Unterrichtsbuch mit einem bunten, selbstklebenden Zettel markiert. Ebenfalls bewährt hat sich das Anschreiben der Hausaufgaben an einem festen Platz im Klassenzimmer (z.B. bestimmte Tafelseite, Seitentafel) nach derselben Struktur.

Das Thema Hausaufgaben verlangt von Anfang an zusätzlichen Einsatz, der sich bei gelungener Organisation nach einiger Zeit sukzessiv reduzieren lässt. Wer ADS-Kinder kennt, weiß, wie wichtig es ist, dass das Angekündigte regelmäßig eingefordert und kontrolliert wird. Um den Schüler zur Erledigung von Pflichten anzuhalten, müssen klare Regeln aufgestellt und diese mit den Eltern besprochen werden. Das Positive sollte eine sofortige Rückmeldung erhalten: Je nach Alter können Stempel als direkte Belohnung oder das Punktesammeln (man kann sich eine Vergünstigung erarbeiten: z.B. einmal keine Hausaufgaben …) das gewünschte Verhalten voranbringen. Anmerkungen über besonders schön, fleißig oder kreativ ausgeführte Hausaufgaben – selbstverständlich gemessen an den individuellen Fähigkeiten – gehören genauso dazu. Teilen Eltern beispielsweise mit, ihr Kind habe die Hausaufgaben zum ersten Mal in der dafür veranschlagten Zeit geschafft, kann dies die Lehrkraft nochmals würdigen. Im nächsten Schritt gilt es, das Kind anzuspornen, um seine Leistungen weiterzuentwickeln: »Deine Einträge waren akzeptabel, die Fehler sind auch weniger geworden. Ich freue mich über deine guten Arbeitsansätze, bemühe dich weiter!«

Falls die Hausaufgaben nicht erledigt wurden, erfährt der Schüler eine unmittelbare Konsequenz. Zielführend erwies sich u.a. das Nachholen am selben Tag (ggf. im Anschluss an den Unterricht), Zusatzhausaufgaben, eine Aufräum- oder sonstige Dienststunde.

Bei manchen Kollegen gewinnt man den Eindruck, dass die Wirksamkeit solcher Hausaufgaben überbetont wird, bei denen es hauptsächlich um das Nachvollziehen und Festigen von Arbeitstechniken und das Lernen von Fakten geht. Aus meiner Erfahrung handelt es sich bei solchen Hausaufgaben viel zu wenig um kreative Problemlösungen. Steht das Einüben eines Rechenprinzips im Mittelpunkt, sind z. B. statt zwanzig auch acht Aufgaben ausreichend, da bei ADS-Kindern durch längeres monotones Arbeiten nur die Fehlerrate und die Konflikte wachsen. Eine vernünftige Reduktion der Hausaufgabenmenge, eine Steigerung der Attraktivität unter Beibehaltung oder sogar Erhöhung des Schwierigkeitsgrades spricht konzentrationsbeeinträchtigte Schüler an. Wenn dann die Aufgaben für die Kinder noch sinnvoll erscheinen, schafft man eher die nötige emotionale Bereitschaft zur aktiven Auseinandersetzung.

Kinder, besonders ADS-Kinder, erfassen schnell klare Regeln und Grenzsetzungen in den verschiedenen Umgebungen, selbst wenn sie sie von sich aus nicht einhalten. Das Prinzip der Klarheit sollte auf jeden Fall wirken dürfen, also bitte keine Durchmischung von Zuständigkeiten, ansonsten werden Schüler mit ADS nur unnötig irritiert und beginnen eventuell, Lehrer und Eltern gegenseitig auszuspielen.

3. Kapitel
Schule und Elternhaus: ein Team

Die Kommunikation zwischen Lehrern und Eltern leidet oft unter Ohnmachtsgefühlen, auf beiden Seiten Versagensempfindungen, Vorurteilen, Schuldzuweisungen und mangelndem Wissen über das Aufmerksamkeitsdefizitsyndrom.

Womöglich belasten manche Eltern auch unangenehme Vorerfahrungen aus der eigenen Schulzeit. Problemlösungsprozesse zwischen Menschen spielen sich erwiesenermaßen nicht ausschließlich auf der Ebene der Fachkompetenz ab, sondern überwiegend auf der emotionalen Ebene. Die Schule sollte ein Forum zum Austausch werden und, im Sinne Martin Bubers (2001), *echte Begegnungen* ermöglichen.

Ablehnungen auf der Erwachsenenebene übertragen sich schnell auf die Schüler; Konflikte können die wichtige Eltern-Lehrer-Kooperation zum Scheitern bringen. Dann wird es sehr schwierig, ein konstruktives Miteinander zum Wohle des Kindes – auch unter Hinzuziehung von Beratungslehrern oder Schulpsychologen – wieder aufzubauen. Denn manchmal bricht in diesem Prozess die Vertrauensbasis, und es bleiben dann häufig nur noch zwei Alternativen übrig: eine Versetzung in eine Parallelklasse oder ein Schulwechsel. Generell aber gilt: Aus einem potenziellen Frontensystem, gegründet auf Hilflosigkeit und Besserwisserei, muss sich ein aktives Team entwickeln, um gemeinsam die vorhandenen Probleme bewältigen zu können. Sehen sich beide Personengruppen an der Entwicklung des einzelnen Schülers wirklich interessiert, lernen sie auch, sich selbst etwas zurückzunehmen und wirklich *das Kind* in den Mittelpunkt zu stellen. In diesem hochsensiblen Feld arbeitet man entsprechend achtsam und mit gegenseitigem Respekt zusammen; schließlich soll das Beste für das Kind erreicht werden.

Bei nicht wenigen Eltern entsteht durch den jahrelangen Leidensweg eine veränderte Beziehung zu ihrem ADS-Kind. Über eine verbesserte Beziehungsebene – gegebenenfalls mit therapeutischer Hilfe – kann ein Neuanfang gelingen. Im Grunde geht es beim ersten Schritt immer um eine positive Einstellung zum Schüler und Kind, auch bei dem jeweiligen Lehrer oder der jeweiligen Lehrerin.

Für alle Beteiligten kann es daher sinnvoll sein, eine Positivliste oder ein Heft über die angenehmen, schönen Fähigkeiten und Verhaltensweisen des Kindes konstant zu führen. Solche Notizen wandeln die Sicht, geben vielfach Mut zur Weiterarbeit und verbessern die Beziehung. Offenheit, die die eigene Hilflosigkeit zulässt, und das Interesse an der kindlichen Entwicklung müssen gegeben sein, um erfolgreich zu kooperieren; ansonsten handelt es sich um halbherziges, alibihaftes Reden ohne den echten Wunsch nach Veränderung.

Kinder bevorzugen den Weg des geringsten Widerstands, und entsprechend sind Eltern und Lehrer gefordert, eine passend konsequente Erziehung zu praktizieren und zum Wohle des Kindes zu kooperieren. Es gilt, sich tatsächlich Zeit zu nehmen, realistische Ziele und konkrete Verantwortlichkeiten festzulegen mit der Fragestellung: »Was können bzw. müssen wir gemeinsam tun?« Der betroffene Schüler sollte altersgemäß in die Zusammenarbeit eingebunden werden. Der erarbeitete Unterstützungsplan für das hypo- oder hyperaktive Kind wird in 2- bis 3-wöchigem Abstand bezüglich seiner Wirksamkeit überprüft. Greifen die eingeleiteten Maßnahmen nicht, wenden sich die Eltern an ADS-Experten, die üblicherweise Kontakt mit der Lehrkraft aufnehmen. Unter Zuhilfenahme dieser fachlichen Unterstützung bleibt es bei den kontinuierlichen Gesprächen zwischen Lehrkraft und Eltern – gelegentlich auch unter Hinzuziehung des Experten –, bei denen es primär um die erzielten positiven Entwicklungen im Verhalten und im Leistungsbereich gehen sollte. In Form von Ergebnisprotokollen lohnt es sich, die Entwicklungsprozesse einschließlich Ursache-Wirkung-Zusammenhänge zu dokumentieren. Ein solcher regelmäßiger Austausch fördert das Verstehen des ADS-Kindes und steigert die Effizienz der pädagogischen Bemühungen in Schule und Elternhaus.

4. Kapitel
Hausaufgabenerledigung und allgemeine Erziehungstipps

Viele Eltern kennen ihre »kleinen oder größeren Nervensägen« genau und wissen, was es bedeutet, die Kinder zu beaufsichtigen oder sich mit ihnen in der Öffentlichkeit aufzuhalten. Das schwierige morgendliche In-die-Gänge-Kommen, die Vergesslichkeit, das nahezu ausschließliche Leben im Hier und Jetzt sind ihnen vertraut.

ADS-Kinder zeigen eine Abneigung gegen fremdbestimmte Aufgaben, die länger andauernde geistige Anstrengung benötigen. Von daher haben die Eltern gewiss auch schon den einen oder anderen »Hausaufgabenkrieg«, der stundenlang dauern kann, durchgestanden. Cordula Neuhaus beschrieb, wie es dem ADS-Schüler bei den Hausaufgaben geht: Seine Situation sei vergleichbar mit derjenigen, in der sich ein Erwachsener befindet, der seinen Lohnsteuerjahresausgleich oder seine Einkommensteuererklärung machen soll. Dabei fallen ihm viele andere Dinge ein, die er dann mit Begeisterung viel lieber tun würde. Im Vergleich zu anderen Kindern, bei denen es nur 7 Prozent sind, treten bei 57 Prozent der ADS-Kinder starke Schwierigkeiten bei der Hausaufgabenerledigung auf.

Wie lässt sich dieser konfliktreiche Anlass nun am besten umgestalten? Eine Untersuchung zur Hausaufgabenerledigung (Wagner 2002) hielt unerwünschte Verhaltensweisen fest, die für Kind und Mutter besonders charakteristisch sind: bei Letzterer, weil sie es ist, die meistens die Hausaufgabenbetreuung übernimmt. Beim Kind konnte das nachstehende Verhalten besonders oft beobachtet werden: Aggressionen, Blockieren, aufgabenbezogene Gegenvorschläge (um die Aufgabe zu umgehen), unangemessenes Bitten um Hilfe, Jammern, zielungerichtete Aktivität. Bei der Mutter sah man unangemessenes Geben von

Hilfe, rigorose Anweisungen, Eingehen auf zielungerichtete Aktivität des Kindes und auf unangemessene Gegenvorschläge. Nach einem intensiven, über vier Monate verteilten wöchentlichen Training mit beiden stieg das erwünschte Verhalten des Kindes bei der Hausaufgabenerledigung in Abhängigkeit einer starken Veränderung des mütterlichen Verhaltens an. Die Mutter gab danach angemessene Unterstützung, emotionalen Beistand, Lob und Zustimmung. Psychologisch-pädagogische Hilfen, die die Wechselwirkungen zwischen dem Verhalten der Bezugsperson und dem Kind erkennen lassen, erfordern ein großes Engagement, das jedoch deutlich macht: Es kann wirklich etwas erreicht werden.

Systematisch und sorgfältig erledigte Hausaufgaben erfordern bei einem Kind mit ADS viel Energie. Von daher ist es wichtig, im Kontakt mit der Schule zu sein, um sich gegenseitig Rückmeldungen über Umfang, Zeitaufwand und Ausführungsqualität zu geben.

Allgemeine Erziehungstipps für Eltern

Im Laufe meiner jahrzehntelangen pädagogischen Arbeit habe ich viele ausgesprochen leidensfähige Eltern erlebt. In manchen Gesprächen kam es mir vor, als weinten sie schon lange innerlich. Manche verzweifeln schier, dass sich ihr eigen Fleisch und Blut in einer bestimmten Weise verhält. Dennoch: Es hilft nichts, man muss das Kind zunächst in seinem *Sosein* akzeptieren und sich von eigenen Erwartungen distanzieren.

Dazu kommt ein – warum auch immer – schlechtes Gewissen, gepaart mit Unsicherheit, das ein klares, forderndes Auftreten verhindert. Aber ohne das annehmende, gleichwohl souveräne Führen wird der tägliche Umgang mit dem Kind zum Problem.

Eltern haben den intensivsten Kontakt und die stärkste emotionale Beziehung zu ihrem Kind, d.h., sie verfügen über große Einflussmöglichkeiten. Sie sollten sich vorab über das Aufmerksamkeitsdefizitsyndrom informiert haben und ihrem Kind erklären, was ADS ist.

In Belastungssituationen, in denen die Eltern von ADS-Kindern ständig stecken, werden vielfach die positiven Seiten des »Problemkindes« übersehen. Insofern sollte das Selbstwertgefühl des Kindes gestärkt werden, indem die Eltern seine besonderen Talente – auch wenn sie nicht unbedingt ihren Erwartungen entsprechen – unterstützen, wertschätzen und angenehme Eltern-Kind-Erlebnisse (z.B. Spielzeiten) ermöglichen. Obwohl viele Kinder mit ADS nicht gern zu Hause erzählen – zum einen ist ihnen manches nicht bewusst, zum andern ginge es dann oft über Probleme und Missgeschicke –, ist es wichtig, in regelmäßigem Austausch zu bleiben. Sich einfühlend auf das Kind in Ruhe einzulassen, eine gute Beziehung herzustellen und das »Hinter-dem-Kind-Stehen« sind die Basis für eine gesunde seelische Entwicklung des Kindes und unterstützen alle weiteren Bemühungen.

Viele Eltern sind noch durch Geschwisterkinder zusätzlich gefordert, denn jedes Kind benötigt schließlich genügend Beachtung. Wichtig ist, dass das Kind, das unter ADS leidet, eigene Bereiche (Klasse, Kinderzimmer, Kontakte, Steckenpferde) hat. Gemeinsame Unternehmungen müssen – wie sämtliche Aktivitäten mit aufmerksamkeitsgestörten Kindern – gut geplant und strukturiert sein, damit sie zur Freude aller gelingen. Mit zunehmendem Alter ist es wichtig, die Kinder in Familienabsprachen einzubeziehen, um ihnen Modelle an die Hand zu geben, wie Regeln im Alltag und Strategien beim Problemlösen nützlich sind, wobei solche Regeln einer Begründung bedürfen.

Das Fernsehen, eine für ADS-Schüler sehr verlockende, weil mit rasanter Reizflut versehene Angelegenheit, sollte auf ca. eine Stunde täglich begrenzt werden. Nachgewiesenermaßen sind Vielseher in der Schule und im Sport nicht so gut und verpassen viel. Sie werden gleichsam von den bewegten Bilder gesteuert, und sie lernen nicht, ihre Eigensteuerung aktiv zu trainieren. Trotz der für viele Eltern verständlicherweise großen Versuchung, durch das Medium Fernsehen einmal ruhige Kinder zu haben, bringt dieses Freizeitangebot im Vergleich zu den die motorische Koordination, die Sinne, die Ausdauer, die soziale Kompetenz fördernden Aktivitäten für die kindliche Entwicklung herzlich wenig.

Eltern sollten sich auf wenige, ihnen aber wirklich wichtige Familienregeln beschränken und diese ohne Wenn und Aber durchsetzen. Es ist richtig, die Kinder auch mit altersgemäßen Pflichten zu betrauen. Die permanente Mithilfe im Haushalt muss selbstverständlich sein. Dabei werden die Töchter und Söhne nicht nur geschickter und umsichtiger, sondern erleben ebenso Erfolge und lernen Verantwortung in einer Gemeinschaft zu übernehmen. Beginnt man damit im Kindergartenalter, wird dies schnell zur Gewohnheit. Setzt die Anforderung später ein, benötigt man gerade bei Kindern mit ADS Ausdauer und eine konsequente Erziehung, um diese Regelung zu realisieren. Dabei müssen die Kinder zur sorgfältigen, nicht durch andere Tätigkeiten ständig unterbrochenen, konstanten Beschäftigung angehalten werden, womit die Ausdehnung der Konzentrationsspanne ebenfalls trainiert wird. Die Mühe lohnt sich, denn diesbezüglich geforderte Kinder verhalten sich auch in der schulischen Praxis realistischer, selbstständiger und patenter. Kleine Nebentätigkeiten, mit denen das Taschengeld aufgebessert werden kann und ein Wunsch durch eigene Anstrengung erfüllbar wird, steigern das Selbstwertgefühl. Untersuchungen bestätigen, dass aus Kindern, die das Arbeiten durch die Übernahme von häuslichen Pflichten und kleinen Jobs gelernt hatten, im Vergleich zu Kindern, denen Pflichten abgenommen wurden, im beruflichen Leben engagiertere, erfolgreichere und allgemein zufriedenere Erwachsene werden.

Erfahrungsgemäß stellt das Aufräumen des Kinderzimmers eine unübersehbare Aufgabe dar, denn durch die vielen Reize im Zimmer verliert das Kind ständig sein eigentliches Ziel. Dieses Vergessen von Aufträgen geschieht nicht absichtlich, vielmehr bringen es die Gegenstände seiner Umgebung laufend auf andere Gedanken. Nur ein strukturiertes Vorgehen hilft ADS-Kindern in der Schule wie im Privatleben. Um überhaupt aufräumen zu können, erhält jedes Ding seinen festen Platz. Dann erstellt man eine Aufräumliste zum Abhaken, die das Kind sozusagen durch den Raum an die verschiedenen Stationen führt; auch folgerichtiges Arbeiten wird währenddessen geübt. Allgemein muss bei Aufforderungen bedacht werden, dass sie nicht zu global – und damit für ADS-Schüler nicht umsetzbar – gegeben werden. Hilfreich ist die Gliederung in einzelne, überschaubare entwicklungsgemäße Handlungssequenzen. Damit das Kind in seiner Planung weiterkommt, unterstützen es Fragen, keine Anweisungen. Je früher man solche Strukturierungshilfen einsetzt, desto leichter reduziert sich das Chaos im Alltag. Ganz wichtig ist bei einem derartigen Vorgehen die sofortige positive Rückmeldung über die vom ADS-Kind erbrachte Leistung. Selbstorganisationsaufgaben müssen behutsam, geduldig, aber mit steter Steigerung bezüglich Selbstständigkeit und Komplexität eingefordert werden.

Eine tägliche Bewegungszeit, ein Treffen mit geeigneten Spielkameraden oder den Neigungen der Kinder entsprechende Freizeitangebote, die sie fördern und ihnen Freude bereiten, sollten den Tag klar strukturieren und verdeutlichen, dass nach den Hausaufgaben Schönes ansteht.

Und noch eine allgemeine Anregung: Eltern wissen, wie wichtig die Einstellung der Erwachsenen zu ihren Kindern ist, denn oft verhalten sich die Kinder erwartungsgemäß – auch im negativen Sinn! Wenn man jedoch von der Sicht Problemkind abrückt und stattdessen ein anspruchsvolles, fantasievolles oder besonders energiegeladenes Kind wahrnimmt, kann das in der gesamten Familie positive Auswirkungen haben. Trotz aller Mühsal sollte man also versuchen, jeden Tag oder zumindest zwei oder drei Mal in der Woche eine entspannte Zeit miteinander zu verbringen; sei es eine Spaß- und Spielphase oder gemeinsamer Sport, wo das Kind einmal nicht korrigiert und kritisiert wird. Diese »quality-time« kann vieles zum Guten hin bewegen.

Immer wieder berichten mir Eltern von Wutausbrüchen ihrer Kinder. Bei ADS-Kindern kommen diese sicher häufiger vor als bei normgesteuerten Kindern, denn vermehrte Frustrationserlebnisse vor dem Hintergrund von Impulsivität, Labilität und mangelnder Selbststeuerung verursachen sie. Dazu kommt ein sich rasch hochschaukelndes Erregungsniveau. Das Gehirn benötigt mehrere Minuten, um eine starke Erregung wieder zu normalisieren. Daraus kann man ableiten, dass eine gute Planung, ein Eskalationen verhindernder, früh intervenierender Erziehungsstil die Häufigkeit und Intensität dieser destruktiven Ausbrüche senkt. Eine entsprechende Regel mit klarer Konsequenz sollte dem Kind verdeutlichen, wie wenig hilfreich in solchen Situationen eine »Explosion« für alle Beteiligten ist. Aktiviert man beispielsweise die Erziehungsmaßnahme »Auszeit« (»Time-out«) zeitig, gelassen und unmissverständlich, kann sich das Kind beruhigen und danach der die Wut auslösenden Aufforderung nachkommen. Für eine solche, wenige bis maximal zehn Minuten lange Auszeit muss ein Ort festgelegt sein, der keine Angst auslöst, aber auch keine angenehmen Beschäftigungen zulässt.

Hypo- oder hyperaktive Kinder benötigen ungefähr acht bis sechzehn Mal mehr Übung, also auch mehr Zeit, um Verhalten zu automatisieren. Vieles wird unabsichtlich vergessen. Also sollte man nicht schimpfen, wenn das vereinbarte Verhalten nicht sofort verlässlich umgesetzt wird. Es empfiehlt sich vielmehr, die beim Kind fehlende Konstanz vorzuleben, das Verhalten in einem klar strukturierten Rahmen geduldig wiederholend und vor allem konsequent durch Kontrolle einzufordern. So kann das gewünschte Verhalten systematisch aufgebaut werden. Kinder übernehmen Modelle unbewusst, Eltern sollten diese Chance nutzen und ihnen ein gutes Vorbild sein.

Das Kind will seine Eltern nicht enttäuschen, im Gegenteil: Es strengt sich sehr an, es möchte, dass mit der Schule alles gut klappt und dass die Eltern stolz auf es sind. Um diesem Wunsch nahe zu kommen, setzt es auch Lügen über die Schulwirklichkeit ein. Trotz Verständnis müssen diese jedoch geklärt und bereinigt werden. Die Erwartungen an das eigene Kind sollten zurückgeschraubt werden, denn sonst kann die Versagensangst des Schülers übermächtig werden. Um die Eltern nicht zu enttäuschen, gehen manche Schüler dem Risiko aus dem Wege, sich an neue Aufgaben heranzuwagen. Womöglich kann dadurch ein Teufelskreis entstehen, der Entwicklungen hemmt und am Selbstwertgefühl der Kinder nagt.

Oft fragt man sich: »Wie soll ich das alles nur schaffen?« – gerade wenn man für mehrere Kinder in der Verantwortung steht. Ziehen beide Elternteile an einem Strang, ist schon eine gute Grundlage vorhanden. Auch das Führen eines Tagebuchs, in dem die Sonnen- und Schattenseiten eines Tages notiert werden, bewirkt erstaunlich viel für eine besonnene Erziehung. Eltern von ADS-Kindern brauchen extrem viel Liebe, Geduld, Zeit und Kraft bei der Erziehung, sie sind noch mehr als andere Eltern beansprucht.

Rituale, Regeln und eine äußerst konsequente Erziehung tragen, wenn vielleicht auch nicht augenblicklich, so doch im Laufe der Zeit auf jeden Fall Früchte.

Mir teilten schon viele Eltern mit, dass sie nicht an die Gefühle ihrer Kinder herankommen und eigentlich recht wenig über sie wissen. Konzentrationsgestörte Kinder können – obwohl sie vehemente Empfindungen haben – vielfach schlecht über ihre Gefühlslage berichten. Wie gesagt: Regelmäßige Spaß- und Spielzeiten von 20 bis 30 Minuten (täglich oder zwei oder drei Mal pro Woche), in denen die Aufmerksamkeit ausschließlich dem einen Kind gilt, zeigen Wirkung. Dann bestimmt das Mädchen oder der Junge die Regeln und wählt die Aktivitäten wie Spielen, Erzählen usf. aus (Döpfner et al. 1999). Ich kann mich noch gut an den Sohn einer in diesem Sinne beratenen Mutter erinnern. Er erzählte strahlend nach einiger Zeit: »Gestern haben wir wieder zusammen gebabbelt und Tee getrunken.« Solche »Mußetermine« sollen für Eltern und Kind ausgesprochen angenehm sein und eine vertrauensvolle Beziehung fördern. Über Vorlesegeschichten oder von jugendlichen ADS-Betroffenen geschriebene Bücher (s. Literaturliste) lassen sich ebenfalls einfühlsame Gespräche und damit vorsichtig öffnende Kontakte herstellen.

Stress begünstigt unreflektiertes, inkonsequentes Verhalten. Deshalb geht es immer wieder um das Ruhebewahren in allen Lebenslagen. Will man diesem relevanten Ziel näher kommen, müssen oftmals Hektik verursachende, im Grunde nicht wichtige Aktivitäten auf der Strecke bleiben. Die durch den richtigen Umgang mit einem konzentrationsgestörten Kind investierte Zeit ist in jedem Fall bestens angelegt und kommt der ganzen Familie zugute. Darüber hinaus sollten Eltern aber auch an ihre eigenen Bedürfnisse denken: Dabei kann ein verständnisvoller Gesprächspartner ebenso nützlich sein wie das Treffen mit ebenfalls Betroffenen in einer Selbsthilfegruppe. Bei Bedarf hilft auch eine Therapie für sich selbst. Erholungszeiten sind wichtig, um »aufzutanken«, feste Zeiten ohne Kind im Alltag, vielleicht eine Kur, um ein paar Tage ohne die Kinder ausspannen zu können. Weitere allgemeine Anregungen zum Umgang mit ADS-Kindern finden sich auch in den Kapiteln »Pädagogische Konzepte und Methoden« und »Tippliste für den Schulalltag«, denn diese Aspekte sind für alle Bezugspersonen relevant.

Elternverhalten

Eltern starten die verschiedensten Bewältigungsversuche, um ihrem Kind zu helfen. Gut gemeinte Ratschläge nimmt man auf, begierig liest man jede Information zum »Thema«. Und doch muss man immer wieder konstatieren, dass sich auf Dauer kein Durchbruch im Sinne einer Verhaltensänderung einstellt. Vielmehr wächst das Gefühl der Hilflosigkeit. Erschöpfung macht sich breit. Oftmals wird die Frage aufgeworfen, inwiefern man selbst von Symptomen einer Konzentrationsstörung betroffen ist. In vielen Familien bedroht die ADS-Problematik Paarbeziehungen, teilweise brechen sie sogar auseinander. In der Mehrzahl der Fälle tragen Tag für Tag die Mütter die größte Last. Geschwister malträtieren sich oder sind eifersüchtig auf die dem

ADS-Kind entgegengebrachte Aufmerksamkeit oder eine andere, in ihren Augen »ungerechte« Verhaltensbeurteilung.

In Elternseminaren gebe ich gern die Hausaufgabe, eine Liste von positiven Eigenschaften, von Stärken des Kindes aufzustellen. Es wird mir immer wieder – teils sehr betroffen – berichtet, wie schwer es anfangs fiel, das Kind durch die »gute« Brille zu betrachten, denn die negative Sicht hatte bereits überhand genommen. In Ruhe eine Positivliste über das Kind zu schreiben verändert nicht selten die eigene Einstellung, die wiederum das eigene Verhalten günstig beeinflusst.

Teufelskreise müssen durchbrochen werden, um angemessenes Verhalten zu etablieren. ADS-Kinder benötigen bestimmt genauso viel Zuwendung wie normgesteuerte Kinder. Durch ihr Verhalten strapazieren sie jedoch die Eltern derart, dass diese – oft am Rande ihrer Belastbarkeit – eine Abwehrhaltung signalisieren. Das veranlasst manches Kind unbewusst, sein unerwünschtes Verhalten weiter zu steigern, um die Zuwendung der Eltern gewissermaßen doch noch zu erzwingen. Wichtig an diesem oftmals eskalierenden Prozess ist, zu erkennen: Auch negative Zuwendung ist eine Form von Beachtung!

Kinder mit ADS benötigen schneller und häufiger als andere Kinder eine Rückmeldung, damit sie ihre Aktivitäten steuern lernen. Es geht also darum, rasch das gewünschte oder im Ansatz zumindest richtige Verhalten unter Erwähnung der speziell erbrachten Leistung in Form von Lob, Lächeln, Umarmungen oder Punkten, die gegen kleine Geschenke und Privilegien eingetauscht werden, zu würdigen. Dadurch wird das angestrebte Verhalten beibehalten und das Selbstwertgefühl der Kinder gestärkt.

In allen Erziehungssituationen (auch bei den Hausaufgaben!) ist es empfehlenswert, sich einschätzbar und gerecht zu verhalten.

Dazu gehört, dass Regeln von Erwachsenen vorgegeben und gemeinsam besprochen werden. Hilfreich ist es, diese schlagwortartig oder durch Piktogramme dargestellt aufzuhängen. Die

Vereinbarungen umschließen, soweit dies planbar ist, auch die Konsequenzen bei Nichteinhalten der Regel. Für das eine oder andere Kind mag es unterstützend sein, solche Vereinbarungen im Sinne eines Vertrags zu unterschreiben. Man sollte sich zu derartigen Absprachen nur entschließen, wenn man in der Lage und bereit ist, die Einhaltung der Regeln ohne Wenn und Aber durchzusetzen. Halbherzig angewandte Regeln schaden mehr, als sie nützen, da die Kinder hin- und hergerissen werden, keine Orientierung erhalten und der Respekt vor den Eltern schwindet. Ebenso sollten keine Drohungen ausgesprochen werden, die man nicht realisieren will oder kann.

Ferner sollten Eltern beachten:

- Das Kind muss aufmerksam sein, wenn sie Anweisungen geben (ggf. das Kind an der Schulter berühren, Blickkontakt herstellen).
- Immer nur eine Aufforderung geben.
- Eine Aufforderung soll eindeutig als solche und nicht als Bitte formuliert werden.
- Kann das Kind den ihm gegebenen Auftrag wiederholen?
- Auf der Aufforderung beharren und sich nicht durch hartnäckiges Nörgeln, Flehen, Diskutieren, Schreien usw. umstimmen lassen.
- Überprüfen, ob das Kind der Aufforderung nachkommt. Benötigt die Ausführung längere Zeit oder ist das Kind gerade dabei, die Regel zu vergessen, kann man es auf das von den Eltern Erwartete lenken, indem sie positiv formulieren (Du darfst …, wenn du …, oder: Ich möchte, …) und beispielsweise auf die bevorstehende Belohnung hinweisen.

Die Regeleinführung klappt nur, wenn wir uns als Erwachsene selbstdiszipliniert an die nachstehende Regel halten: hundertprozentige Kontrolle der erteilten Aufforderung und sofortige Handlungskonsequenz. Bei erwünschtem Verhalten heißt das: Lob, Privilegien und dgl.; bei Nichteinhaltung der Vereinbarung:

negative, im Sachzusammenhang stehende Konsequenz. Eine konsequente Erziehung bedeutet: sofort und angemessen zu handeln.

Die schon mehrfach erwähnte Gelassenheit und Ruhe der Bezugsperson hat einen hohen Stellenwert beim Durchsetzen von Regeln und für die allgemeine Erziehungsatmosphäre. Die damit ebenfalls signalisierte Souveränität schafft einen Pol der Vorhersehbarkeit, des Haltes und der Erregungsreduktion für eine kleine Chaos-Prinzessin oder einen kleinen Chaos-Prinzen. Das Kind muss spüren, dass die Eltern die Verantwortung für den Erziehungsprozess übernehmen.

Anweisungen haben eindeutig, kurz formuliert und mit Blickkontakt zu erfolgen. Ohne sich zu vergewissern, dass das ADS-Kind zuhört, kann man sich das Reden schenken. Eine Kinder sehr nervende Unart von vielen Erwachsenen ist ein nicht enden wollendes Reden. Bei Umfragen bezüglich des häuslichen Bereichs nennen ADS-Kinder als stärkste Stressquelle das Predigen bzw. das Gezeter ihrer Eltern; sie wünschen sich ein normales Miteinanderreden. Wie schon erwähnt: Konzentrationsbeeinträchtigte Kinder erhalten bis zu 200 Ermahnungen täglich!

Aus meinen Beobachtungen bezüglich der Eltern-Kind-Kommunikation kann ich zusammenfassend zu Folgendem raten: Eltern sollten sich das Schimpfen einfach abgewöhnen. Es mag ihnen persönlich zwar durch die Katharsisfunktion schwer fallen, aber Nörgeln usw. führen zu herzlich wenig Verhaltensänderungen bei ADS-Kindern. Wesentlich effektiver ist es, Ansätze zum richtigen Verhalten und bereits Positives wahrzunehmen und dies dem Kind anerkennend zu vermitteln. Das Kind sollte den Eltern gehorchen, konsequentes Handeln hat Vorrang gegenüber dem unverbindlichen Sprechen. Unschönes Verhalten wird am besten ignoriert, über Wutanfälle lässt sich unter Umständen auch mit lauten Geräten (Staubsauger) hinweggehen, man kann den Raum verlassen oder ein »Time-out« veranlassen. Das Kind sollte bei unangebrachtem Verhalten (Ausnahme: Gefahr in Verzug) auf keinen Fall beachtet werden. Über den beschriebenen verhaltenstherapeutisch orientierten Weg lernen auch ADS-Kinder – selbst wenn sie dazu mehr Zeit als normgesteuerte Kinder benötigen – Verhaltensweisen zu automatisieren und ein gutes Sozialverhalten aufzubauen.

Wenn Eltern mit einer konsequenten Erziehung starten wollen, ist es richtig, anfangs kleine Brötchen zu backen: sich zunächst nur wenig vorzunehmen, das bereits gut Laufende zu registrieren und dem Kind rückzumelden. Danach stellen sie eine Regel oder höchstens drei Regeln für Bereiche auf, die sie besonders unangenehm berühren. Die Einhaltung der Vereinbarungen setzen sie äußerst konsequent durch. Nach einigen Wochen, wenn sich eine Verhaltensänderung manifestierte, können sie den nächsten Baustein zu einer konsequenten Erziehung in Angriff nehmen. Mit der Zeit wird das Kind nicht mehr so stark auffallen und es wird mehr Erfolgserlebnisse verbuchen. Immer wieder sollte man das Kind spüren lassen, dass man stolz auf seine guten Fähigkeiten und Kenntnisse, auf seine »Inseln der Kompetenz«, ist. Wichtig ist genauso, ihm die Freude über geglückte Verhaltensänderungen mitzuteilen. Durch solches Engagement wird sich dann auch das Familienklima insgesamt spürbar verbessern.

Durchführungsaspekte bei den Hausaufgaben

Ein »Ich weiß nicht, was wir aufhaben« eröffnet bei vielen konzentrationsbeeinträchtigten Kindern die Hausaufgabenrunde. Die Tendenz des ADS-Schülers zur Desorganisation und zum Aufschub anstrengender Arbeiten schlägt sich bei der Hausaufgabenerledigung nieder. Den Eltern ist sicher die beim Kind sehr beliebte Äußerung »Ja, gleich« geläufig. Bis erst einmal begonnen wird! Hunger oder Durst stellen sich ein, der Toilettengang steht an, Materialien müssen gesucht werden, eine »kleine« Pause wird dringend benötigt, »extrem wichtige Dinge« – bevorzugt Anrufe – bedürfen der sofortigen Erledigung. Und dann die eigentliche, nicht enden wollende Erledigungszeit. Stundenlange Prozeduren spielen sich zuweilen bei den täglichen Hausaufgaben ab. Hausaufgabenbetreuer, aber auch das Kind, sind nach dieser Unternehmung erschöpft. Gleichwohl ist abzusehen, dass am nächsten Tag eine ähnliche Tortur ansteht. Trotz mannigfaltiger Bemühungen zeichnet sich keine Besserung ab, Hilflosigkeit macht sich breit und das Familienklima leidet zusehends.

Untersuchungen ergaben, dass es acht Mal so viel Arbeit ist, mit einem ADS-Kind wie mit einem normgesteuerten Kind Hausaufgaben zu machen. In der Regel sind Mütter für die Hausaufgabenbetreuung zuständig, und nicht umsonst fühlen sich viele vom Erziehungsstress ausgebrannt, zumal, wenn noch mehrere Geschwister gleichermaßen betreut werden müssen. Im Vergleich zur Altersgruppe gehört das selbstständige Arbeiten oft zu den Feldern, die beim hypo- oder hyperaktiven Schüler entwicklungsverzögert auftreten. Schulanfänger sind ja meistens während der Hausaufgabenerledigung auf ein »Sich-doch-Dazusetzen« bzw. ein »Im-Raum-Sein« der Betreuungsperson angewiesen. Das darf allerdings nicht bedeuten, dass dem aufmerksamkeitsgestörten Schüler das Nachdenken, die Umsetzung und Ausführung von Arbeiten abgenommen werden. Statt ihm Lösungswege etc. mitzuteilen, sollten ihm lediglich – z.B. durch Fragen – Hilfestellungen gegeben werden. Das Kind muss immer selbst geistig aktiv sein. Ein geduldiger, auch in dieser Hinsicht konsequenter Umgang ist unabdingbar, um im Laufe der Zeit nächste Lernstufen zu erklimmen. Das Hausaufgabenerledigen verlangt zuweilen bis in höhere Klassen oder in bestimmten Fächern die Nähe bzw. Hilfe der Bezugsperson. Außenstehende können sich vielfach nicht vorstellen, welche Belastung die Tag für Tag wiederkehrende Aufgabe für die Betreuer darstellt.

Auch wenn es ständig in Bewegung ist, kann ein ADS-Kind noch lernen, weshalb man nicht unbedingt darauf bestehen muss, das

Kind habe still zu sitzen. Kleine Bewegungen für die Energie-abfuhr und Selbststimulation verbessern sogar manches Mal die Konzentrationsleistung. Aber das Zuschauen und Ertragen von Unruhe oder Zerstreutheit scheinen viele angespannte, norm-gesteuerte Menschen kaum ertragen zu können. Nichtsdesto-trotz ist es wirkungsvoll, wenn der Betreuer (Coach) möglichst gelassen, zuversichtlich und mit nahezu stoischen Zügen in sich ruht. Durch eine gewisse Unerbittlichkeit spürt der Schüler, dass er sich mit Beschimpfungen, Wutanfällen oder anderen Ablen-kungsmanövern nicht vor der intensiven Bearbeitung und der vollständigen Aufgabenerledigung in der vereinbarten Zeit drü-cken kann. Bei der Hausaufgabenkontrolle muss die Betreu-ungsperson zunächst das Geleistete loben und danach vorsichtig konstruktiv das Kind zur nötigen Korrektur anhalten. Fehler brauchen nicht verteufelt zu werden, wenn man sich ihnen nach ein paar Atemübungen oder einer sonstigen kleinen Pause als Lernchance wieder offen und gelassen zuwendet. Humorvoll mitklagen, Negatives stur ignorieren und kleinste positive An-sätze anerkennend erwähnen, das ist zielführend.

ADS-Kinder und -Jugendliche benötigen einen Coach, der den Schüler schätzt und versteht, der nicht nörgelt, der sich kon-sequent und strukturiert verhält, der kontrolliert, der auch Druck ausübt und bereit ist, über Jahre dem Betroffenen verläss-lich zur Seite zu stehen. ADS-Schüler müssen härter und öfter üben, Pannen wegstecken lernen, um ihren begabungsgemäßen Erfolg zu erreichen. Eine echte, aber lohnenswerte Herausforde-rung! Durch ihr ruhiges, besonnenes Verhalten und ihre von Grund auf positive Einstellung gegenüber dem Kind und seinem Leistungspotenzial werden Eltern diese Aufgabe meistern.

Materialien

Die Hausaufgaben sollten immer am selben Ort erledigt werden, der keine verlockenden Zerstreuungen (Fernsehgerät, Telefon, Geschwister, Spielzeug, Haustiere) in Hör-, Sicht- oder Reichweite aufweist. Das Ordnunghalten auf dem Tisch – es handelt sich um einen Arbeits- und keinen Spieltisch – muss trainiert und kontrolliert werden. Jede noch so winzige Kleinigkeit, die nicht zu den Aufgabenmaterialien gehört, lenkt ab. Obwohl ADS-Schüler für länger zurückliegende Begebenheiten vielfach ein Elefantengedächtnis haben, vergessen sie Alltägliches. Das Aufhängen eines überdimensionalen Stundenplans sowie eines Wochenkalenders (für ältere auch eines Monatskalenders), in den alle Termine des Schülers eingetragen und später überprüft werden, erwies sich als sinnvoll. Außer einer übersichtlich be-stückten Pinnwand bewährte sich ein einfaches, bunt gestaltetes Ordnungs- bzw. Ablagesystem. Es bietet sich eine farbliche Ordnung der Materialien nach Fächern an. Hefte, Ordner, Bü-cher sind z.B. rot bzw. rot eingebunden für das Fach Deutsch. Zu Hause gibt es ein Regal, eine Schublade mit dem roten Schild »Deutsch« oder ein rotes Ablagefach. Für manche Kinder unterstützt es die Übersicht, wenn sie im Hausaufgabenhefter die Fächer durch die entsprechenden Farben markieren. Lehr-kräfte greifen solche organisatorischen Optimierungsvorschläge gern für die gesamte Klasse auf. Das zeitaufwendige Suchen im Ranzen während des Unterrichts reduziert sich dadurch erheb-lich, gegebenenfalls können auch noch (farbige) Abtrennungen nach Fächern in der Schultasche nützlich sein. Für Mitteilungen und Arbeitsblätter gibt es einen neutralen Ordner, in dem in der Schule verteilte Papiere sofort abgeheftet werden. Bei Bedarf sollte man dem Schüler einen kleinen Locher für den Ranzen anschaffen; es lenkt jedoch weniger ab und geht schneller, wenn die Lehrkraft gelochte Papiere ausgibt. Daheim wird dieser Ordner täglich durchgesehen, Informationen an die Eltern wei-tergeleitet und Arbeitsblätter entsprechend den Fächern abge-legt.

Die Schultasche muss jeden Tag nach dem Stundenplan zu-nächst gemeinsam, dann anhand einer Checkliste bzw. des Stun-denplans selbst gepackt werden. Spielsachen gehören nicht in den Ranzen. Ein Beutel für Kunst und Sport, der am Ranzen befestigt werden kann, reduziert das ewige Vergessen bzw. Suchen. Jede Woche sollte einmal das Federmäppchen auf Vollständigkeit sowie angespitzte Stifte durchgesehen werden. Ebenso erfolgt dabei das Reinigen und Leeren des Ranzens von Unnötigem, Ablenkendem.

Organisatorisches

Um eine zufriedenstellendere Hausaufgabenerledigung zu starten, lohnt es sich, dem Schüler die Vorteile von Ordnung – nämlich Zeitersparnis, weniger Ärger und mehr Erfolg – zu erklären, um ihn für eine optimierte Durchführung zu gewinnen. Nachdem die beabsichtigten Änderungen besprochen und schriftlich festgehalten wurden, kauft oder bastelt man zusammen mit dem Kind die nötigen Materialien.

Wann sollten Hausaufgaben erledigt werden? Die ideale Zeit muss in den einzelnen Familien herausgefunden werden, wobei das Arbeiten erst am späten Nachmittag häufig als kritisch eingeschätzt wird, da die Kinder dann müde und besonders unkonzentriert sind. Und noch einmal folgende wichtige Regel: Während der Hausaufgabenzeit ist das Zimmer frei von jeder Ablenkung; Telefon, Klingel, Fernsehgerät sind abgestellt, Geschwister, Haustiere halten sich nicht im selben Raum auf. Auf dem Arbeitstisch liegen ausschließlich Hausaufgabenutensilien. Der Tisch befindet sich nicht in Fensternähe, das Fenster lässt keinen ablenkenden Lärm herein.

Teilweise – so wird von Eltern berichtet – wirkt dezente Hintergrundmusik konzentrationsfördernd. Falls das Hausaufgabenerledigen nicht gar zu sehr beeinträchtigt ist, hilft es oftmals schon, wenn für jede einzelne Aufgabe ein Zettel geschrieben wird (Mathebuch, S. 14, Aufgabe 3; Deutsch: Gedicht lernen usf.), der in geeigneter Reifenfolge angepinnt wird. Durch diese Übersicht wird das Abarbeiten erleichtert und der Schüler darf nach Beendigung einer Aufgabe den Zettel genussvoll wegwerfen.

Eltern und Kind verschaffen sich als Erstes einen Überblick über die anstehenden Hausaufgaben. Danach überlegen sie gemeinsam, wie lange der Schüler für jede Aufgabe benötigen wird. Oftmals stellt die richtige Zeiteinschätzung ein Problem dar. Hierbei empfiehlt sich der Einsatz von Analoguhren mit entsprechenden Vereinbarungen. Wurde je nach individueller Belastbarkeit und Alter 15, 20, 30, 40 Minuten ohne Trödeln gearbeitet, darf kurz pausiert werden. Kleine Pausen tragen erfahrungsgemäß dazu bei, sich den Stoff besser merken zu können. Weitet sich die Arbeitszeit aus, wächst auch die Pausenzeit. Allerdings ist hierbei wichtig, die Zeit zum Weiterarbeiten klar vorzugeben bzw. durch einen eingestellten Wecker festzulegen. Nach jedem Fach kontrolliert man zusammen: Gelang die Hausaufgabenerledigung in der vereinbarten Zeit (= 1 Punkt)? Wie war die Ausführung (Note 1–6, ab Note 4 aufwärts = 1 Punkt)? Das Ergebnis notiert man im Punkteplan (s. Anhang). Ein Limit, wann die Hausaufgabenzeit beendet ist, muss im Vorfeld festgelegt werden; zu Beginn macht ein wohl wollender zeitlicher Aufschlag Sinn, damit der Schüler einen Anreiz erfährt. Übungsphasen sollten regelmäßig in guter Atmosphäre stattfinden, aber nicht länger als 15 Minuten dauern, längeres Üben bedeutet meist Zeitverschwendung. Statt Identisches stereotyp zu trainieren, motiviert man ADS-Kinder eher über ansprechende Varianten der Übungsinhalte. Das Unterstützen durch Eselsbrücken, regelmäßige kurze Wiederholungen von Wichtigem sowie das laute Lesen können die Gedächtnisleistung steigern. Bei Aufsätzen sollte der Schüler zu einer groben Gliederung im Sinne von Einleitung, Hauptteil und Schluss Stichwörter sammeln und den Text schreiben (erleichternd auf dem PC). Danach beschäftigt sich der Schüler mit den Satzzeichen, da ansonsten zu viel Energien von der eigentlichen Aufgabe abgezogen werden.

Im Sinne eines Rituals sollte die Hausaufgabenzeit immer auf die gleiche Art beendet werden. Das Kind spitzt die Stifte, kontrolliert die Vollständigkeit der Schulmaterialien und packt nach dem Stundenplan seine Schultasche. Bei akzeptabler Hausaufgabenerledigung erhält der Schüler eine kleine Anerkennung oder Punkte zum Ansammeln, bis sich das Verhalten stabilisiert (siehe Abschnitt »Methoden«, S. 96 ff und »Anreizsysteme«, S. 128). Bei besonderen Leistungen können Zusatzpunkte gegeben werden, um die angestrebte Belohnung schneller eintauschen zu können. Kindgemäß dosiert muss die Messlatte der Anforderungen besonders im Hinblick auf Selbstständigkeit nach und nach höher gelegt werden. Bezüglich Hausaufgabenumfang, Erledigungszeit und dergleichen empfiehlt sich eine enge Zusammenarbeit zwischen Hausaufgabenbetreuer und Lehrkraft.

Falls trotz allen Bemühens bei den Hausaufgaben eine Kooperation mit dem eigenen Kind misslingt, berichteten Eltern schon von einem erfolgreichen »Kindertausch« während der Hausaufgabenzeit. Da ADS-Kinder sich zum Teil bei nicht verwandten Personen – z.B. bei Eltern von Klassenkameraden – angepasster verhalten, ließ sich damit in einigen Konstellationen der Krisenherd reduzieren. Sollte dieser Versuch ebenfalls scheitern, können vom Schüler akzeptierte Betreuer oder eine professionelle Hausaufgabenunterstützung – Nachhilfe bei Schülern und Studenten ist überwiegend weniger wirkungsvoll – in Erwägung gezogen werden, die eventuell in besonderen Problemlagen auch vom Jugendamt bezuschusst werden.

Anreizsysteme

Harmoniebedürftige ADS-Kinder schätzen eine angenehme Arbeitsatmosphäre und einen respektvollen Umgang. Ein so gestaltetes Miteinander und ein entsprechendes Umfeld bewirken schon Gutes.

Wollen wir das Verhalten von konzentrationsgestörten Kindern nachhaltig ändern, müssen wir unsere Perspektive und unsere Reaktionen am Positiven orientieren. Die oftmals im Hinblick auf die im Mittelpunkt stehende Kritik unbedachten und negativen Äußerungen wie »Sei nicht so laut«, »Lümmel dich nicht am Tisch« formuliert man in Aufforderungen entsprechend dem gewünschten Verhalten um – »Sprich bitte leise«, »Setze dich bitte gerade an den Tisch«. Statt zu schimpfen, sollten Eltern bevorzugt nonverbal (z.B. durch Fingerzeig) auf Fehler hinweisen, sich mehr auf Geglücktes konzentrieren und das Positive dann auch verbalisieren.

Manche Schüler erledigen die Hausaufgaben zufrieden stellend, wenn man ihnen danach eine für sie erfreuliche Tätigkeit (z.B. Computerzeit, Spielen mit Freunden) in Aussicht stellt. Für andere Kinder muss ein Plan für die Hausaufgabenerledigung erstellt werden. Dabei kann mit dem Lieblingsfach begonnen werden, um ein Erfolgserlebnis möglichst leicht zu erzielen, das für das Weiterarbeiten beflügelt. Oder das Kind startet mit dem Fach, das ihm am schwersten fällt, weil es dann infolge der Erledigung das Schwierigste nicht mehr vor sich herschiebt. Nach Einschätzung des Zeitaufwandes für diese Aufgabe (Wecker stellen) muss der Schüler sofort beginnen, zügig und sorgfältig arbeiten. Am Ende der Arbeit überprüft er seine Zeiteinschätzung und ermittelt bei Bedarf die Ursache für seinen Zeitverbrauch. Wenn die Arbeit innerhalb der vorgenommenen Zeit erledigt wurde, gibt sich der Schüler einen Punkt in seiner Belohnungsliste und macht eine kleine Pause. Dann kommt das nächste Fach dran. Dieses Zeitmanagement sollte von den Eltern eingeführt werden. Die Eltern und das Kind beurteilen danach die Ausführung der Hausaufgaben. Die Note 4 und besser bringt z.B. einen weiteren Punkt. Damit Überforderungen ausgeblendet sind und eine behutsame Leistungssteigerung erzielt werden kann, sorgen die Eltern dafür, das richtige Maß an Anstrengung und realistischer Erreichbarkeit zu finden. Jeder geschaffte Schritt wird belohnt, zunächst in Form von Punkten, die in einen Wochen-Punkteplan täglich eingetragen werden. Sammelt der Schüler nur wenige Punkte bei der Abrechnung, überprüft man das angewandte System. Liegt keine Überforderung vor, können fehlende Punkte durch Zusatzaufgaben im Übungsbereich noch erarbeitet werden. Alle zusammengetragenen Punkte einer Woche können nach einem festgelegten Schema in Erstrebenswertes (kleines Geschenk, gemeinsame Unternehmung) eingetauscht werden. »ADS-Kinder/-Jugendliche sind geradezu wild auf prompte und häufige positive Verstärkung, arbeiten in aller Regel nach erstem impulsivem Abwehren gern mit solchen Plänen, die der klinischen Erfahrung nach eher am mangelnden Durchhaltevermögen der Eltern als am Widerstand der Kinder scheitern« (Neuhaus 2001, Seite 151). Befürchtungen, dass Schüler in Zukunft nur gegen »Bezahlung« aktiv würden, stellten sich bei Token- und dgl. Systemen nicht ein.

Nicht selten fühlen sich ADS-Schüler zu anderen hoch energiegeladenen Kindern mit teilweise problematischem Verhalten hingezogen. Auch bei ADS-Kindern haben Freunde einen großen Einfluss im Leben. Deshalb sollten Eltern geschickt den Auswahlprozess steuern, indem sie erwünschte Kontakte unterstützen. Freundschaftliche Kontakte zählen zu den stärksten Anreizen.

Will man über die Hausaufgabenerledigung hinaus das Verhalten beeinflussen, gelten dieselben verhaltenstherapeutisch orientierten Prinzipien. Was soll sich verändern? Sind die Ziele gefunden, werden sie schriftlich festgehalten, man kann auch einen Vertrag mit Unterschrift daraus machen. Aus Überforderungsgründen bitte nicht mehr als maximal drei Ziele auswählen. Wie schon erwähnt, entscheiden Verhaltensgrenzen und die Handlungsfolgen bei Überschreitung derselben, die konstante Kontrolle sowie eine geeignete Verstärkung (Lob, Privilegien, Punktesystem) bei Einhaltung der Vereinbarungen über den Erfolg der Maßnahme. Wenn sie die ersten positiven Rückmeldungen für ihre Anstrengungen zu Hause und danach gar noch durch die Schule erfahren, freuen sich gerade hypo- oder hyperaktive Kinder über solche ungewohnten Erfolge überschwänglich und lernen, dass sich ihre Mühe lohnt.

Übrigens: Manchen Schülern, die empathisch die Hilfsbedürftigkeit anderer erfassen, gelingt es, Nachhilfe bei jüngeren Kindern zu geben. Dabei fördern sie ihr eigenes Grundwissen, ihre Konzentrationsspanne und einen systematischen Arbeitsstil.

Eine derartige Erfahrung stärkt das Selbstwertgefühl in hohem Maße, außerdem wird das Taschengeld aufgebessert.

Wer Beziehung aufbaut und einen einfühlenden Umgang mit dem ADS-Kind pflegt, wer möglichst auf Schimpfen verzichtet und stattdessen im Sinne des verhaltenstherapeutischen Ansatzes Positives bemerkt und ausdrückt, verbreitet nicht nur mit der Zeit eine wohltuende Atmosphäre im Haus, sondern wird zum »Superreiz« für das Kind. Dadurch steigt die Bereitschaft des Kindes, sich gemäß einem fordernden Erziehungsstil weiter anzustrengen und die persönliche Entwicklung voranzutreiben.

Das Loben will gelernt sein

Vielen Eltern geht es so, dass sie bei Kindern schnell dazu neigen, Kritik zu äußern, und vergessen – vielleicht, weil als selbstverständlich erwartet – das Positive zu registrieren und anzusprechen. Hinzu kommt: Das Kind soll auch nicht nur eine positive Rückmeldung für ein Verhalten, womit es andere erfreute, erhalten. Vielmehr muss es sukzessiv lernen, sich seines Verhaltens und seiner eigenen Person bewusst zu werden, um Leistungen für sich selbst erreichen zu wollen.

Immer wieder beobachte ich, dass auf erwünschte Handlungen mit unspezifischen Ausdrücken – beispielsweise mit dem Wort »toll« – reagiert wird. Um die Entwicklung des Kindes gezielt zu fördern, ist es aber wichtig, genau das zu benennen, was gut gemacht wurde: »Du hast es heute zum ersten Mal geschafft, 20 Minuten lang selbstständig deine Deutsch-Hausaufgabe zu bearbeiten«, »Du hast eben deinen inneren Kampf gewonnen und bist ruhig geblieben«. Unterstützend wirken bei authentischer Empfindung Kommentare wie »Ich bin stolz auf dich«, »Ich freue mich über deine Fortschritte«. Allerdings gilt es dabei zu beachten, dass nach einer mehr oder weniger ausgedehnten Phase, in der sich das Kind dem Erwachsenen zuliebe anstrengt, der Wandel zu einem überwiegend aus eigener Motivation resultierenden Bemühen in Gang kommt. Positive Verstärkungen erreichen, das gelobte Verhalten beizubehalten und in Zukunft vermehrt auftreten zu lassen. Besonders wichtig ist bei konzentrationsbeeinträchtigten Kindern, zielorientierte Anstrengungen zu loben und nicht nur perfekte Ergebnisse. Außer einem verbalen Lob gibt es die verschiedensten Möglichkeiten, Anerkennungen auszudrücken: allgemeine Beachtung des Kindes, ein zustimmendes Lächeln, Kopfnicken, kleine Privilegien, Schulterklopfen, Umarmen, anderen von seinen guten Taten im Beisein des Kindes erzählen.

Die positiven Eigenschaften und Bemühungen des Kindes müssen also immer wieder würdigend hervorgehoben werden, damit das eh schon angekratzte Selbstwertgefühl auch gegenüber anderen Kindern, besonders gegenüber jüngeren, patenten Geschwistern, gestärkt wird. Eltern kennen ihr Kind am besten und werden deshalb auch mit Lob sensibel und wirkungsvoll umgehen können.

Dasselbe gilt im Übrigen auch umgekehrt: Manchmal verstehen Eltern gar nicht, warum sich ein kindliches Fehlverhalten nicht verringert. Dann sollte man wissen, dass man sich einem Kind durch Schimpfen und dergleichen eben auch zuwendet, was auf manche Kinder wie eine positive Verstärkung wirkt: Das vorhandene negative Verhalten bleibt in diesem Fall, »positiv verstärkt«, bestehen.

Vorbereitung von Klassenarbeiten

Um das Üben für Klassenarbeiten in den Griff zu bekommen, bewährte sich das nachstehende Vorgehen: Im großen Wochenkalender am Arbeitsplatz trägt der Schüler den Termin ein. Danach verteilt man den Umfang des zu Übenden gleichmäßig auf die kommenden Tage. Für jeden Tag wird im Plan festgehalten, was und wie viel wiederholt werden muss, wobei ein oder zwei Abschlusstage frei bleiben sollten, um noch einmal alles zusammenfassend repetieren zu können; zumal unmittelbar vor dem »Ereignis« die Lernbereitschaft ansteigt. Über eine solche systematische Planung wachsen die Chancen, bessere Noten zu schreiben.

Für Rechtschreibübungen und das Vokabellernen bietet sich das Üben unter Zuhilfenahme von Karteikärtchen und -kästen mit zwei Fächern an. Das noch nicht richtig geschriebene oder nicht bekannte Wort wird auf die Vorderseite der Karteikarte beispielsweise in Englisch und auf die Rückseite in Deutsch geschrieben. Diese Karten kommen in das erste Fach des Karteikastens. Nach dem Üben stellt man die sofort gewussten Wörter in die hintere Abteilung. Mit den Kärtchen im ersten Fach übt man weiter, bis sie behalten wurden und dann ebenfalls im zweiten Fach des Karteikastens landen.

Wenn es darum geht, sich das Wesentliche aus einem Text zu merken, sollte der Schüler nach dem Lesen des gesamten Textes einzelne Seiten gründlich lesen und mit farbigen Stiften die Schlüsselwörter markieren (ggf. Kopien anfertigen) oder, noch wirkungsvoller, diese auf ein Notizblatt – aber bitte unter- und nicht nebeneinander – schreiben. Je mehr Anschauungsmaterial (Lexikon, Atlas usw.) zur Hand genommen wird, desto größer ist die Wahrscheinlichkeit, dass der Inhalt memoriert wird. Neben dieser visuellen Aufarbeitung des Stoffes sollte sich der Schüler über seine Stichwörter Sachzusammenhänge selbst laut erzählen. Unter audiovisuelle Lern- oder Memotechniken fällt auch der Einsatz des Kassettenrekorders, wobei der Schüler das Band mit den Lerninhalten bespricht und sich anhört. Das Abhören – verstanden als Wiederholung – gehört zur Vorbereitung von Klassenarbeiten.

Aus Angst und Frustrationserlebnissen erwachsene Panik macht sich vielfach bei Testsituationen breit. Die folgenden Empfehlungen können zu Hause trainiert werden, damit sie der Schüler bei Stress-Situationen im Klassenzimmer parat hat: Neben der sorgfältigen Testvorbereitung führen kleine Entspannungsübungen (Augen schließen, Atemübungen oder formelhafte Sätze wie »Ich bin ganz ruhig«) zu größerer Gelassenheit und machen den Weg zu mehr Selbststeuerung frei.

Um das Selbstwertgefühl und die Lust am Üben zu steigern, ist es sinnvoll, ansatzweise gelungene Arbeiten mit Datum zu sammeln, um Fortschritte festzuhalten, sie gemeinsam zu betrachten und zu würdigen.

Selbststeuerung

Selbstständigkeitserziehung fördert die Selbststeuerung, die Geschicklichkeit und das Verantwortungsgefühl. Gerade bei Kindern mit ADS ist man geneigt, ihnen viele Dinge abzunehmen, um sich nicht mit ihnen auseinander setzen zu müssen und um Zeit zu sparen. Regeln und ihre konsequente Einforderung halten Schüler im Gegensatz zu einem Laisser-faire-Stil zur Eigenkontrolle an. Fehlende, verschlampte Dinge zum Beispiel hat das Kind selbst zu suchen. Bei Unstimmigkeiten oder Fragen bei den Hausaufgaben ruft das Kind eigenständig den Mitschüler an. Nicht die Mutter, sondern das Kind ist verantwortlich für die Hausaufgaben, denn Anforderungen beschleunigen die kindliche Entwicklung.

Wenn der organisatorische Rahmen der Hausaufgabenerledigung zur Routine wird und sich erste Erfolge einstellen, kann an inhaltliche Feinarbeiten herangegangen werden, die auch planendes Handeln verstärkt in den Fokus nehmen. Der impulsive, oberflächliche und schnelle Arbeitsstil der ADS-Kinder führt immer wieder zum Nichterkennen des Wichtigen sowie zu den verhassten Flüchtigkeitsfehlern. Ein reflexives Vorgehen muss trainiert werden. Durch das systematische Abarbeiten von Fragen wird der Schüler gezwungen, innezuhalten und nicht unüberlegt loszulegen. Checklisten, Selbstinstruktionstraining und gezielte Konzentrationsprogramme (siehe Abschnitt Selbstinstruktions- und Strategietraining, S. 102 und Anhang) sind Wegbereiter, um nötige Strategien für das geistige Arbeiten und die Verhaltensplanung anzubahnen:

- Was soll ich tun ? – Klärung der Aufgabenstellung.
- Wie gehe ich am besten vor? – Aufgabe/n gliedern. Mit den leichten Aufgaben beginnen, um erste aufmunternde Erfolge

zu erzielen oder mit den schwersten, um einen belastenden Berg abzutragen.

- Wie arbeite ich am erfolgreichsten? – Ich schaue genau und lasse mich nicht ablenken. Ich schalte kleine Nachdenkpausen ein.
- Wie kann ich Fehler finden? – Ich lese am Schluss in Ruhe alles nach und korrigiere es, wenn nötig.
- Was mache ich nach einer erfolgreichen Arbeit? – Ich lobe mich für meine Bemühungen.

Nicht nur bei den Hausaufgaben gibt es Situationen, in denen ADS-Kinder ungebremst »aufschäumen« und es zu unerfreulichen, teilweise auch nicht ungefährlichen, weil ungesteuerten Attacken kommt. Für Außenstehende, die oftmals anders empfinden, sind diese nicht immer nachvollziehbar. Damit sich Schüler in emotional aufgeladenen Situationen steuern lernen, müssen sie dieses aufsteigende Gefühl zunächst bewusst wahrnehmen. Denn vor dem Ausrasten sollte sich der Schüler stoppen. Tief ein- und ausatmen und sich gedanklich immer wieder sagen: »Ich bleibe ganz ruhig«, können die Anspannung und Wut verringern. Wenn das nicht wirkt, sollte sofort ein »Timeout« genommen werden: Man verlässt das Ärger erzeugende Umfeld bzw. man geht der entsprechenden Person aus dem Weg. An einem ruhigen Ort oder durch etwas Bewegung gelingt es dann, sich wieder zu fassen.

Zu Beginn benötigt das Kind oder der Jugendliche zur Veränderung impulsiver Verhaltensabläufe verständnisvolle Unterstützung durch den Betreuer. Das Aufbrausen reduziert sich, wenn der Betroffene nach und nach lernt, die Anfänge der eskalierenden Erregung zu spüren und sich nicht immer wieder aufs Neue provozieren zu lassen. Gelingt es ihm, sukzessive diesen Teufelskreis selbst zu analysieren und einen solchen Prozess erfolgreich in den Griff zu bekommen, entsteht ein sehr befriedigendes Gefühl, das im Sinne einer selbstverstärkenden Erfahrung ermutigt, sich weiterhin um Selbststeuerung zu bemühen.

Schlusswort

Nationale wie globale Veränderungen stellen unsere Schulen vor neue Aufgaben, die sie bisher weder durch passende Rahmenbedingungen noch durch wirkungsvolle pädagogische Konzepte entsprechend ihrer gesellschaftlichen Bedeutung – auch im Hinblick auf gesundheitliche Prophylaxe – vorbildlich lösten. Deshalb sollten für den Bereich der öffentlichen Bildung und Erziehung die nachstehenden Punkte umgehend zur Selbstverständlichkeit werden:

- Solides Fachwissen der Lehrkräfte über das Aufmerksamkeitsdefizitsyndrom.
- Diagnose- und Beratungskompetenz, um gezielt mit Eltern und Fachleuten kooperieren zu können.
- Gute Beziehung zum Kind.
- Versierter pädagogischer Umgang und angemessene Unterrichtsgestaltung.
- Einbeziehung von Sozialpädagogen, Sonderpädagogen, Psychologen in Gesamtunterricht, Förderstunden und Beratung.
- Regelmäßige Treffen an runden Tischen (Schulamt, Schule, Jugendhilfe, Stadtteilarbeiter, Präventionsrat, Ärzte, Therapeuten).
- Schulbehörden und andere administrative Einrichtungen setzen sich für die positive Entwicklung und fachmännische Integration der ADS-Kinder ein durch die Bereitstellung der dafür nötigen personellen und sachlichen Mittel.

Bei den Eltern geht es darum, sich möglichst frühzeitig kompetente Hilfe zu holen, die bei Bedarf auch über einen längeren Prozess den Bezugspersonen begleitend zur Seite steht, damit diese den enormen Belastungen standhalten können und bereit sind, sich weiter für ihr Kind zu engagieren:

- Möglichst frühe Differenzialdiagnose durch ADS-Experten.
- Beratung der Bezugspersonen durch kompetente Fachkräfte auch im Hinblick auf die Hausaufgabenerledigung.
- Kooperation mit allen wichtigen Kontaktpersonen des Schülers.
- Zeit, Geduld und immer wieder liebevolles Zugehen auf das Kind.
- Behandlung des Kindes durch geeignete Therapien.
- Persönliche Unterstützung durch Elternselbsthilfegruppen, Elternschulen, Regenerationsphasen und dgl.

Über die in diesem Buch beschriebenen pädagogischen Arbeitsansätze und mit einer intensiven Zusammenarbeit der Eltern konnte ich positive Verhaltensänderungen und deutliche Verbesserungen in den Arbeitsergebnissen der hypo- und hyperaktiven Kinder erreichen.

In Verbindung mit günstigen Rahmenbedingungen kann in vielen Fällen von einer medikamentösen Behandlung abgesehen werden.

Nimmt man eine hohe Intelligenz unter dem Aspekt einer nicht beliebig beeinflussbaren Gegebenheit heraus, ergeben sich nach Döpfner für die ADS-Betroffenen die nachstehenden protektiven Faktoren: intakte Eltern-Kind-Beziehung, familiäre Stabilität, soziales Eingebundensein in Schule und bei Gleichaltrigen, adäquate konsequente Erziehung sowie frühe und konstant durchgeführte multimodale Therapie.

Die Schulzeit darf nicht durch Versagensängste, Abseitspositionen oder gar krank machende Empfindungen charakterisiert sein, sie muss vielmehr durch positive Erfahrungen gekennzeichnet werden.

Das A und O für einen erfolgreichen Umgang mit ADS-Kindern liegt in einem möglichst guten Verstehen und dem Annehmen und Mögen der Kinder. Daraus leitet sich alles Weitere ab: Respekt, adäquate Forderungen im Sinne einer konsequenten Erziehung und die Bereitschaft, die ganzen Anstrengungen über lange Zeit auf sich zu nehmen. Alle Kinder sind es wert.

Anhang

Tippliste für den Schulalltag

- ☑ Der Schüler muss spüren, dass der Lehrer bereit ist, sich für ihn zu engagieren; der Lehrer sollte authentisch sein. ADS-Kinder spüren sofort, ob man sie mag und ob man ihnen gewachsen ist.
- ☑ Nicht moralisieren.
- ☑ Mit Humor geht alles besser.
- ☑ Frühzeitiges Intervenieren bei Störungen.
- ☑ Ermahnen und Drohen nützen wenig bis nichts, steigern hingegen nur das Erregungsniveau, falls kein sofortiges Handeln erfolgt.
- ☑ Bei Konfliktentstehung: Blickkontakt wegnehmen, Stimme senken.
- ☑ Ruhig und sehr direktiv auf verbale Androhungen und Verweigerungsäußerungen des Schülers reagieren.
- ☑ Möglichst wenig verbale Kritik des Verhaltens. Besser: z.B. nonverbale Verhaltensäußerung, um dem Kind Orientierung zu geben (wortloses Wegnehmen eines Gegenstandes; auf den Punkt im Heft deuten, wo es weiterarbeiten soll ...).
- ☑ Bei starkem Stören: zum Kind gehen; Blick- und ggf. Körperkontakt herstellen; kurze deutliche, aber gelassene Zäsur setzen: »Stopp« oder humorvolle Bemerkung.
- ☑ Intensive pädagogische, souveräne und das Kind achtende Führung praktizieren.
- ☑ Regeln gemeinsam besprechen und einschließlich Sanktionen bei Fehlverhalten festlegen, prägnante Formulierung oder Piktogramme der Regeln im Klassenzimmer aufhängen.
- ☑ Regeln hundertprozentig einhalten, nichts laufen lassen, bei Verstoß sofort ruhig einschreiten.
- ☑ Der Lehrer sollte liebevoll stur sein.

- ☑ Jeden Tag sich aufs Neue um eine positive Einstellung zum Kind bemühen.
- ☑ Gelassen den Unterricht beginnen, beruhigende Elemente einbeziehen, Ruhe herstellen, um aufgewühlte ADS-Kinder zum Arbeitspunkt zu führen.
- ☑ Lob bei Erfolg, aber auch bereits bei Teilfortschritten, ADS-Kinder benötigen häufiges Feedback.
- ☑ Kinder nicht lächerlich machen oder bloßstellen.
- ☑ Persönliche Absprachen mit dem betroffenen Kind treffen (geheimes Signal, um gedankliches Abdriften zu verhindern).
- ☑ Sich auf keinen Fall provozieren lassen.
- ☑ Der Umgang mit dem ADS-Kind hat Vorbildfunktion für die Klassenkameraden.
- ☑ Gelassenheit – bitte nicht mit Gleichgültigkeit verwechseln –, innere Ruhe, nicht drängeln und viel Geduld aufbringen.
- ☑ Im Sport oder bei sonstigen Aktivitäten darauf achten, dass durch Toben das Erregungsniveau nicht unnötig hochgefahren wird. Abhilfe: klaren Handlungsauftrag geben.
- ☑ Bei Eklat: Den Schüler frühzeitig aus der Situation herausnehmen (»Time-out«), nach Beruhigung das Kind sofort wieder hereinholen, zum Tageston übergehen, nicht sofort die Situation besprechen. Besprechung unter vier Augen erst nach Senkung des Erregungsniveaus.
- ☑ Strategien zur verbesserten Streitkultur mit Abstand zu Erlebnissen in Ruhe entwickeln.
- ☑ Gutes bemerken, würdigen – Schlechtes ignorieren (falls keine Gefahr im Verzug ist).
- ☑ Hineinrufen ignorieren.
- ☑ Engagierter Unterricht, bei dem die Begeisterung des Lehrers von den Kindern gespürt wird.
- ☑ Modulationsmöglichkeiten der Lehrerstimme gezielt nutzen, um die Aufmerksamkeit aufrechtzuerhalten.

- ☑ Handlungsorientierter, mit verschiedenen Materialien und unter Einbeziehung verschiedener Sinne abwechslungsreich gestalteter Unterricht, der Schülerinteressen einbindet.
- ☑ Je unstrukturierter die Unterrichtsform, desto störender sind hyperaktive Kinder.
- ☑ Individualisieren: Vereinbarungen zwischen Schüler und LehrerIn (Geheimzeichen etc.). Förderstunden. Ggf. Binnendifferenzierung durch am augenblicklichen Leistungsstand angepasste Aufgaben bzw. entsprechenden Aufgabenumfang, wenn es die Klassensituation zulässt.
- ☑ Partnerarbeit nach klaren Regeln mit geeignetem Kind.
- ☑ Vorbildliche Tischnachbarn, Einfluss auf gute Gesellschaft nehmen.
- ☑ »Qualität vor Quantität«: bei schriftlichen Arbeiten und Tests den Umfang überdenken.
- ☑ Leistungsbewertung: Formen der Lernkontrollen variieren, Einbeziehung mündlicher Leistungen unter Beachtung von Problemlösungsfähigkeit und Kreativität.
- ☑ Individuelle Gestaltung schriftlicher Prüfungen: arbeiten allein in gesondertem Raum, zur 1. Stunde, ggf. mit verlängerter Arbeitszeit, mit dem Computer, auf farbiges Papier mit leiser Musik … schreiben lassen.
- ☑ Strafschreibarbeiten fruchten meist nicht besonders: Schreiben fällt dem Kind sehr schwer und gehört zu seinem problematischsten Bereich, es fühlt sich durch solche Strafen bloßgestellt und wird wahrscheinlich aggressiv reagieren, außerdem verlagert sich der Schulkonflikt nach Hause.
- ☑ Fester Sitzplatz seitlich vorn im Klassenzimmer in Lehrernähe, in Umsetzungsarbeitsphasen möglichst keine Gruppentische, Einzelarbeitsplätze zur Verfügung halten.
- ☑ Äußere Ordnung führt zu innerer Ordnung: Jedes Ding hat seinen Platz, Materialien sinnvoll reduzieren.

- ☑ Nur was für die kommende Aufgabe benötigt wird, liegt auf dem Arbeitsplatz.
- ☑ Tagesabläufe, folgende Unterrichtseinheit etc. mitteilen, um Sicherheit zu geben. Änderungen möglichst frühzeitig ankündigen.
- ☑ Abfolgen anfangs markieren, da ADS-Schüler Probleme beim sequenziellen Arbeiten haben.
- ☑ Eindeutige, knappe Arbeitsanweisungen mit Blickkontakt, ggf. Hand auf Schulter/Arm legen, sich der Aufmerksamkeit des Schülers versichern, evtl. Wiederholung der Anweisung durch den Schüler.
- ☑ Klare Struktur bei Arbeitsblättern, Tafelbildern.
- ☑ Farben, verschiedene Moderationstechniken oder Demonstrationen fesseln länger die Konzentration.
- ☑ Übersicht erleichtern: Abdeckblätter, Karton mit Fenster, Klarsichtpfeile, Hefte mit großen Karos und Zeilenabstand, bunte Blätter einsetzen.
- ☑ Kontinuierlich ermuntern, bestätigen.
- ☑ Einerseits Zeit geben, andererseits zum Umgang mit der Zeit geduldig befähigen.
- ☑ Kind möglichst kräftig in den Unterricht einbinden (Namen erwähnen, Blickkontakt, in seiner Nähe sein, drannehmen, kleine Aufgaben erteilen).
- ☑ Dem ADS-Kind nonverbale Hilfestellungen während des Unterrichts geben (Signalkarten, Piktogramme, Checklisten).
- ☑ Wiederholendes Üben in kleinen Portionen, Einbeziehung des vorher Gelernten in den Unterricht, Merkfähigkeit auch durch Erlebnisse, Eselsbrücken und Humor steigern.
- ☑ Auf Ruhe in der Klasse achten.
- ☑ Geleitete Bewegungsphasen einbauen.
- ☑ Beim Aufstellen: ADS-Schüler am Anfang, am Ende der Reihe positionieren bzw. je nach Alter auch an die Hand nehmen.

☑ Gezielt kleine Aufträge u. Besorgungen erledigen lassen (geordnete Bewegungsmöglichkeit und bei positivem Tun besondere Beachtung des Kindes).

☑ Unauffällige und kaum störende Tätigkeiten/Bewegungen dem ADS-Schüler in Absprache mit Kollegen erlauben (z.B. Stifte anspitzen, kleine Zeichnungen).

☑ Hausaufgabenbesprechung möglichst nicht zu Stundenende bei Aufbruchstimmung, Hausaufgabenhefter oder dgl. mit Abzeichnen einführen.

☑ Hausaufgaben: Klar strukturiert; auf das Nötigste beschränkter Umfang beim Schriftlichen; inhaltlich lebensbezogen, spannend.

☑ Regelmäßige Eltern-Lehrer-Gespräche möglichst über positive Entwicklungen.

☑ Zusätzliche professionelle Aufsicht bei Ausflügen organisieren, falls erforderlich.

Infoblatt: Hinweise für den Umgang mit aufmerksamkeitsgestörten Kindern in der Schule

Zum Verhalten hypo- oder hyperaktiver ADS-Kinder

- Das Hauptproblem der ADS-Kinder ist ihre Konzentrationsstörung. Daneben haben Impulsivität und ggf. Hyperaktivität noch eine größere Bedeutung für ihr Verhalten.

- Affekte werden meist nicht angemessen verarbeitet. Durch äußere Einflüsse und innere Erwartungen werden ADS-Kinder rasch und tief greifend aus dem Gleichgewicht gebracht. Diese Affekte klingen rasch wieder ab, wenn man eine Eskalation verhindert hat. Die Kinder sind also leicht stör- und verstimmbar; sie stören durch ihre mangelhafte Steuerung oft den Unterricht.

- Es fällt ihnen schwer, Wichtiges von Unwichtigem zu unterscheiden, Einzelreize zu sortieren (Fliege an der Wand – Lehrerinstruktion), sie sind quasi gezwungen, alles wahrzunehmen.

- Oft beginnen ADS-Kinder mit der Aufgabenbearbeitung, ohne die dazugehörige Instruktion wirklich aufgenommen zu haben.

- Das Kind fängt irgendwo zu arbeiten an (hüpfender Wahrnehmungsstil), hat keine Systematik beim Arbeiten, kontrolliert nicht und kann damit auch keine eigenen Fehler finden.

- Viele Handlungen, die Gleichaltrige automatisiert haben, muss es noch mühsam bewusst regulieren (schreiben, ohne zu sprechen; melden, ohne aufzustehen; an-/ausziehen; aufräumen), das kostet Zeit und Energie, die beim Lernprozess fehlen.

Pädagogische Tipps

- Da es sich um ein Krankheitsbild handelt, sollte bei ausgeprägter Form immer mit auf ADS spezialisierten Fachärzten und kompetenten Beratern zusammengearbeitet werden. Auch eine vertrauensvolle Kooperation mit den Eltern – ohne Schuldzuweisungen – ist nötig.
- Äußeres Chaos unterstützt das bereits vorhandene innere Chaos beim ADS-Kind. Also sollten Räume, Regale, Arbeitsplätze, Schulranzen so wenig wie möglich Materialien aufweisen und diese übersichtlich geordnet sein: Jedes Ding hat seinen Platz.
- Durch die leichte Ablenkbarkeit der Kinder sollten sie bei Stillarbeitsphasen nicht an Gruppentischen sitzen. Mit der Zeit nutzen sie die Wahl, sich bei bestimmten Tätigkeiten auch an einen ruhigen Einzelarbeitsplatz zurückzuziehen.
  Sie müssen immer in der Nähe der Lehrkraft sitzen, damit diese möglichst nonverbal und diskret Orientierung geben kann.
- Die Vorbildfunktion von Lehrkraft und Banknachbar hat für solche Kinder, die sich selbst nur schwer steuern können, große Bedeutung.
- Strukturen im Unterricht sind das A und O für diese Kinder und Jugendlichen (einfache Regeln, Rituale, Tagesplan …). Bei Wochenplanarbeit und dergleichen sind stark beeinträchtigte jüngere Kinder durch Wahlmöglichkeiten überfordert, es sei denn, man kümmert sich in dieser Zeit systematisch um sie.
- Je mehr Sinne beim Lernen angesprochen werden (handlungsorientiert, fächerübergreifend), desto größer ist die Wahrscheinlichkeit, dass das Kind sich konzentrieren und sich Dinge merken kann.
- Ggf. sollte man den Umfang von schriftlichen Arbeiten auf das Wesentliche reduzieren (Qualität statt Quantität. Es wäre ungerecht, alle Kinder gleich zu behandeln).

- Komplexe Aufgaben in Einzelschritte zerlegen und Reihenfolge markieren.
- Wenn sich diese Kinder bemühen – und das tun sie sehr oft, leider unbemerkt –, sollte ein solcher Weg bereits Anerkennung und Lob erhalten, selbst wenn das Ergebnis noch nicht perfekt ist.
- Gelassenheit und Geduld sind notwendig. Diese SchülerInnen benötigen oft die 8fache Zeit, um Verhaltensroutinen zu erreichen und Dinge zu behalten, sie vergessen auch Erinnerungen daran sehr schnell.
- Bei Verhaltensproblemen sollte das Verhalten, was am meisten nervt, zuerst angegangen werden (Regeln einsetzen, diese äußerst konsequent einhalten, d.h. ständige Kontrolle).
- Anweisungen an das Kind sollten kurz und klar mit Blickkontakt (ggf. mit Körperkontakt und Wiederholung der Anweisung durch das Kind) erfolgen.
- Bei erwünschtem Verhalten sofortiges Lob (nicht erst am Ende der Stunde oder gar zu Unterrichtsende am Vormittag, da die Kinder nicht in der Lage sind, eine solche Reaktion auf die richtige Situation zu beziehen).
- Ignorieren von störendem Verhalten ist meist effektiver als ständiges Ermahnen (falls keine Gefahr droht).
- Negative Konsequenzen sollten möglichst natürliche Konsequenzen sein: Wiedergutmachung etc. oder bei schwierigen Fällen: Punktesystem (Punktabzug) oder Auszeit.
- Erst wenn ein Verhalten gelernt ist, zum nächsten übergehen.
- Geschickt Zusatzaufgaben für das ADS-Kind finden, bei dem es seinem Bewegungsdrang in konstruktiver Weise, verbunden mit allgemeiner Anerkennung, nachgehen kann (Tafel wischen …).
- Bei Unterrichtsgängen wollen es diese Kinder oft besonders gut machen. Da sie aber Situationen nicht gut überblicken können und zum Teil nicht wissen, was an der

Reihe ist, sollten Kinder immer in unmittelbarer Nähe des Lehrers sein (möglichst mit einer kleinen Aufgabenstellung: etwas tragen etc.).

- Ein Positiv-Tagebuch für ein solches Kind anzulegen, das Stärken und erfreuliches Verhalten im Gegensatz zu den »nervigen und anstrengenden Unarten« aufzeigt, kann ein erster Schritt zu einem besseren Kontakt zum Kind sein.

Diese sensiblen, liebenswerten Kinder können über eine echte, wertschätzende und vertrauensvolle Beziehung gut erreicht werden.

Hausaufgabenordner/-hefter:

Für jeden Schultag der Woche bereitet man nach dem Stundenplan eine Seite für den Hausaufgabenordner vor. Nach einem sich wiederholenden Schema werden alle Fächer eines Wochentags aufgelistet, damit möglichst wenig vom Schüler selbst geschrieben werden muss. Das erhöht die Wahrscheinlichkeit, dass ADS-Kinder ihre Aufgaben komplett notieren. Diese Vorlagen werden für jede Woche kopiert und immer in demselben Ordner abgeheftet.

Montag, ...

Deutsch:

Lesen, S. ....

Sprachbuch, S. ....

Übungsbuch, S. ....

Lektüre, S. ....

Klassenarbeit am: .... über: ....

Für morgen mitbringen: ....

Zu Hause abgeben/unterschreiben lassen: ....
....

Abzeichnung der Lehrkraft: ....

Detektiv-Bogen

| F17c.2: | Mein Detektiv-Bogen | (S. 1/1) |

Ich, _____ bin mein eigener Detektiv.

Mein Ziel

Ich will _____

_____

Wie gut ist mir das ge-lungen?

Super!
Beweis: _____

Gut
Beweis: _____

Nicht gut
Beweis: _____

Zeit	Montag	Dienstag	Mittwoch	Donnerstag	Freitag	Samstag	Sonntag
	○	○	○	○	○	○	○
	○	○	○	○	○	○	○
	○	○	○	○	○	○	○
	○	○	○	○	○	○	○
	○	○	○	○	○	○	○
	○	○	○	○	○	○	○
	○	○	○	○	○	○	○

Zur Unterstützung:
○ Ich rufe die Therapeutin / den Therapeuten an
○ Ich bespreche den Bogen jeden Tag mit _____
○ Anderes: _____

Therapieprogramm THOP, 3. Aufl. 2002

Quelle: Döpfner et al., 3. Auflage 2002, CD-ROM

Signalkarten

F17b.1: Signalkarten (S. 1/1)

Quelle: Döpfner et al., 3. Auflage 2002, CD-ROM

Conners-Fragebogen

Name:

Alter:

Datum:

Beobachtung	Stärkegrad der Aktivität			
	Überhaupt nicht = 0	Ein wenig = 1	Ziemlich viel = 2	Sehr viel = 3
Rastlos, dauernd in Bewegung				
Reizbar, impulsiv				
Stört andere Kinder				
Kurze Aufmerksamkeits- spanne; fängt vieles an, führt nicht zu Ende				
Zappelt dauernd				
Unaufmerksam, leicht ablenkbar				
Kann nicht warten, ist rasch enttäuscht				
Weint schnell				
Stimmung wechselt rasch und drastisch				
Neigt zu Wutausbrüchen; explosiv, unberechenbar				
Gesamtsumme vor der Therapie:				
Gesamtsumme nach der Therapie:				

Quelle: Franz 1997

Hausaufgaben-Plan

| F18.3: | Mein Hausaufgaben-Plan | | | | | | | (S. 1/1) |

Datum	Aufgaben	Zeit (Min.) Vorgabe	gebraucht	Punkte	Wie gut? (Noten: 1–6) Schüler	Eltern	Punkte	Zusatz-punkte	Gesamt-punkte	Bemerkungen
17.5.	Abschreiben	16	14	1	3	4	1	–	2	war ziemlich schwer

Therapieprogramm THOP, 3. Aufl. 2002

Quelle: Döpfner et al., 3. Auflage 2002, CD-ROM

Hausaufgaben-Regeln

| F18.2: | Mein Hausaufgaben-Plan: Spielregeln | (S. 1/1) |

1. Ich erhalte für jede Aufgabe einen Punkt, die ich in der vorgegebenen Zeit beende und die von den Eltern mindestens mit „ausreichend" bewertet wird.

2. Ich erhalte Zusatzpunkte, wenn ich folgende Zusatzregeln einhalte:

Zusatzregeln
Anzahl
der Punkte

1. _____ ☐

2. _____ ☐

3. _____ ☐

Ich darf meine Punkte eintauschen:

Anzahl der Punkte	können eingetauscht werden in:	Anzahl der Punkte	können eingetauscht werden in:
☐	_____	☐	_____
☐	_____	☐	_____
☐	_____	☐	_____

Quelle: Döpfner et al., 3. Auflage 2002, CD-Rom

Therapieprogramm THOP, 3. Aufl. 2002

Selbstbeobachtungsbogen Imhof nach DuPaul (1994)

Selbstbeobachtungsbogen für Kinder

Name: .... Klasse: .... Datum: ....

Mache einen Kreis um das Gesicht, das deiner Meinung nach am besten zu dem Gefühl passt, das du zu der Frage hast:

☺ = super   ☺ = ganz gut   😐 = teils-teils   ☹ = nicht so gut

1. Ich konnte heute still sitzen bleiben.	☺ ☺ 😐 ☹
2. Ich konnte ohne Probleme auf meinem Platz bleiben.	☺ ☺ 😐 ☹
3. Ich konnte mich auf eine Sache konzentrieren, ohne mich ablenken zu lassen.	☺ ☺ 😐 ☹
4. Ich konnte abwarten, bis ich dran war.	☺ ☺ 😐 ☹
5. Ich habe gewartet, bis ich aufgerufen worden bin.	☺ ☺ 😐 ☹
6. Mir fiel es nicht schwer, mich auf meine Aufgaben zu konzentrieren.	☺ ☺ 😐 ☹
7. Ich habe heute nicht so viel geschwätzt.	☺ ☺ 😐 ☹
8. Ich konnte den anderen gut zuhören, wenn sie etwas sagten.	☺ ☺ 😐 ☹
9. Ich hatte heute alle Sachen dabei, die ich brauchte.	☺ ☺ 😐 ☹
10. Mir fiel es nicht schwer, das zu tun, was der Lehrer/die Lehrerin von uns wollte.	☺ ☺ 😐 ☹
11. Ich habe heute bei den Aufgaben schnell den Anfang gefunden.	☺ ☺ 😐 ☹
12. Ich habe heute gut auf mich aufgepasst.	☺ ☺ 😐 ☹
13. Ich habe es geschafft, andere nicht zu unterbrechen, wenn sie dran waren.	☺ ☺ 😐 ☹

Quelle: Imhof et al., 2000

Literatur

Fachliteratur

Abrams, K. J. & Ludwig, H.: ADHD Aufmerksamkeitsstörung und Hyperaktivität bei Kindern und Erwachsenen, Alternativen zur medikamentösen Behandlung. Neusiedl am See 2001.

Altherr, P.: ADS international – was tut sich im Ausland? In: Fitzner, T. & Stark, W. (Hrsg.): ADS: verstehen – akzeptieren – helfen. Weinheim und Basel 2000.

Amft, H., Gerspach, M., Mattner, D.: Kinder mit gestörter Aufmerksamkeit. Kohlhammer 2002.

Aust-Claus, E. & Hammer, P.-M.: Das ADS-Buch. Ratingen 1999.

Aust-Claus, E. & Hammer, P.-M.: Auch das Lernen kann man lernen. Ratingen 1997.

Ayres, J.: Bausteine der kindlichen Entwicklung. Berlin 1984.

Biegert, Hans: … mit Freude erfolgreicher lernen. Broschüre der HEBO Privatschule. Bonn-Bad Godesberg 1998.

Bolvansky, Roswitha: Hyperkinetische/aufmerksamkeitsgestörte Kinder mit Lese- und Rechtschreib-Schwierigkeiten. In: Czerwenka, Kurt (Hrsg.): Das aufmerksamkeitsgestörte und hyperaktive Kind. Ursachen, didaktische Konzepte, schulische Hilfen. Weinheim und Basel 2002.

Buber, Martin: Ich und Du. Ditzingen 2000.

Bundesverband Elterninitiativen zur Förderung hyperaktiver Kinder e.V., I. und H. G. Braun, Dr. Skrodzki: Unser Kind ist hyperaktiv! Was nun? Forchheim 1998.

Bundesverband Aufmerksamkeitsstörung/Hyperaktivität e.V.: Fachbeiträge zum Thema: Aufmerksamkeits-Defizit-Syndrom. Wenn die Fetzen fliegen! Was nun? Forchheim 2000.

Czerwenka, Kurt (Hrsg.): Das aufmerksamkeitsgestörte und hyperaktive Kind. Ursachen, didaktische Konzepte, schulische Hilfen. Weinheim und Basel 2002.

Czerwenka, K., Bolvansky, R., Kinze, W.: Hyperaktive Kinder. Weinheim und Basel 1997.

Deutsche Ärzte-Zeitung vom 27.6.01: Kinder steuern Spielfigur nur mit Gehirnströmen.

H. Dilling, W. Mombour, M. H. Schmidt (Hrsg.): Weltgesundheitsorganisation, Internationale Klassifikation psychischer Störungen. Bern, Göttingen, Toronto, Seattle, 4. Aufl. 2000.

Döpfner, M., Frölich, J., Lehmkuhl, G.: Hyperkinetische Störungen. Leitfaden Kinder- und Jugendpsychotherapie. Hogrefe Verlag für Psychologie 2000.

Döpfner, M., Schürmann, S., Frölich, J.: Therapieprogramm für Kinder mit hyperkinetischem und oppositionellem Problemverhalten. Mit Arbeitsmaterialien auf CD-Rom. Weinheim und Basel, 3. Auflage 2002.

Droll, Wolfgang: ADS kann man sichtbar machen. Neurophysiologische und neuropsychologische Aspekte bei Attention Deficit Disorder (ADD). In: Fitzner, T. & Stark, W. (Hrsg.): ADS: verstehen – akzeptieren – helfen. Weinheim und Basel 2000.

Fitzner, T. & Stark, W. (Hrsg.): ADS: verstehen – akzeptieren – helfen. Weinheim und Basel 2000.

Franz, S.: Das hyperaktive Kind. Niedernhausen 1997.

Freed, J. & Parsons, L.: Zappelphilipp und Störenfrieda lernen anders. Weinheim und Basel 2001.

Handelsblatt vom 4.1.02, Nachrichten »Spiel für hyperaktive Kinder«.

Hanel, J.: Schulpsychologischer Dienst der Stadt Detmold: Kurzbericht zur 14. Bundeskonferenz für Schulpsychologie in Berlin vom 9. bis 13.10.00, www.schulpsychologie-detmold.de.

Hartmann, Thom: ADD: Veränderungen selbst bewirken. Lübeck 2000.

Hédervári-Heller, E.: Tagungsbericht. 7. Konferenz der AKJP (Analytische Kinder- und Jugendlichen-Psychotherapie) – Arbeitsgemeinschaft für Wissenschaftlichen Austausch in Frankfurt am Main. »Neues vom Zappelphilipp«? – Neurobiologie, Psychodynamik und Psychotherapie des hyperkinetischen Syndroms. In: Analytische Kinder- und Jugendlichen-Psychotherapie, Zeitschrift für Theorie und Praxis der Kinder- und Jugendlichen-Psychoanalyse. Heft 112, XXXII. Jg., 4/2001.

Heiduk, V.: Besser ins Krankenhaus? Die stationäre Behandlung des hyperkinetischen Syndroms. In: Fitzner, T. & Stark, W. (Hrsg.): ADS: verstehen – akzeptieren – helfen. Weinheim und Basel 2000.

Helmke, A. & Renkl, A.: Das Münchner Aufmerksamkeitsinventar. Ein Instrument zur systematischen Verhaltensbeobachtung der Schüleraufmerksamkeit im Unterricht. Diagnostica 38, 1992.

Hoffmann, Heinrich: Der Struwwelpeter. Frankfurter Originalausgabe. Esslingen 1998.

Holowenko, H.: Das Aufmerksamkeits-Defizit-Syndrom (ADS): Wie Zappelkindern geholfen werden kann. Weinheim und Basel 1999.

Hüther, G.: Funkstille im Frontalhirn. In: Der Spiegel 11/2002 vom 11.3.02.

Hüther, G. & Bonney, H.: Neues vom Zappelphilipp. Düsseldorf, Zürich 2002.

Huss, M. & Lehmkuhl, U.: ADS auf dem Monitor – Kann man anhand des Elektroenzephalogramms (EEG) ein Aufmerksamkeitsdefizit-Syndrom diagnostizieren? In: Fitzner, T. & Stark, W. (Hrsg.): ADS: verstehen – akzeptieren – helfen. Weinheim und Basel 2000.

Imhof, M., Skrodzki, K., Urzinger, M.: Aufmerksamkeitsgestörte, hyperaktive Kinder und Jugendliche im Unterricht. Hrsg: Staatsinstitut für Schulpädagogik und Bildungsforschung München. Donauwörth 2000.

Kinze, Wolfram: Zum Stand der Diskussion um die medikamentöse Behandlung hyperkinetischer/aufmerksamkeitsgestörter Kinder. In: Czerwenka, Kurt (Hrsg.): Das aufmerksamkeitsgestörte und hyperaktive Kind. Ursachen, didaktische Konzepte, schulische Hilfen. Weinheim und Basel 2002.

Kistner, A.: Welche Rolle spielt die Ernährung beim hyperaktiven Kind?, Yavivo internet. 1.7.2001.

Kraft, I.: Da ist Damp(f) dahinter. Vom Umgang mit ADS in der dänischen Schulpsychologie. In: Fitzner, T. & Stark, W. (Hrsg.): ADS: verstehen – akzeptieren – helfen. Weinheim und Basel 2000.

Krause, J.: Leben mit hyperaktiven Kindern. Leck 1998.

Lenzen-Schulte, M.: Wenn Kinder nicht zur Ruhe kommen. FAZ vom 31.10.01.

Natur & Heilen, Monatszeitschrift für gesundes Leben 9/2001: Hyperaktivität – Kinder unter Psycho-Drogen.

Neuhaus, Cordula: Ein Kind mit Aufmerksamkeitsdefizitsyndrom im Unterricht. Tipps für Pädagogen. Medice, Iserlohn.

Neuhaus, Cordula: Das hyperaktive Kind und seine Probleme. Ravensburg 1996 u. 1999.

Neuhaus, Cordula: Das ist ja wieder typisch! ADS beim Jugendlichen und jungen Erwachsenen. In: Fitzner, T. & Stark, W. (Hrsg.): ADS: verstehen – akzeptieren – helfen. Weinheim und Basel 2000.

Neuhaus, Cordula: Elterntraining. In: Skrodzki, K. & Mertens, K. (Hrsg.): Praxis interdisziplinär. München, Forchheim 2001.

Neuhaus, Cordula: Hyperaktive Jugendliche und ihre Probleme. Berlin 2000.

Novartis-Pharma, Ritalin – SR, Fachinformation des Arzneimittel-Kompendium der Schweiz. Internet: 23.10.2001.

Psychologie heute 3/2001: Schützt Ritalin vor Sucht?

Raitz, R. & Rueß, M.: Zum Zusammenhang von Psychomotorik und Konzentration – Förderungsmöglichkeiten konzentrationsgestörter Kinder durch psychomotorisches Training (Unveröffentliche Erkundungsstudie in einem ersten Grundschuljahr). Fachhochschule Darmstadt 1978.

Reimann-Höhn, U.: ADS – So stärken Sie Ihr Kind. Freiburg 2001.

Ribot, T.: Die Psychologie der Aufmerksamkeit. Leipzig 1908.

Ryffel, M.: Hinweise und Richtlinien zur Behandlung mit Stimulantien bei ADS. In: Bundesverband Aufmerksamkeitsstörung/Hyperaktivität e.V.: Wenn die Fetzen fliegen! Was nun? Forchheim 2000.

Saporoshez, A. W.: Psychologie für Kindergärtnerinnen. Berlin 1973.

Saß, H., Wittchen, H.-U., Zaudig, M.: Diagnostisches und Statistisches Manual psychischer Störungen DSM-IV. Göttingen 2001.

Simonsohn, B.: Hyperaktivität – warum Ritalin keine Lösung ist. Gesunde Strategien, die wirklich helfen. München 2001.

Skrodzki, K.: Leben mit Hyperaktivität in Deutschland vor der Jahrtausendwende. In: Skrodzki, K. & Mertens, K. (Hrsg.): Hyperaktivität – Aufmerksamkeitsstörung oder Kreativitätszeichen? Dortmund 2000.

Spallek, Roswitha: Große Hilfe für kleine Chaoten: Ein Ratgeber bei kindlichen Aufmerksamkeitsstörungen. Düsseldorf, Zürich 2000.

Steinhausen, H.-C. (Hrsg.): Hyperkinetische Störungen im Kindes- und Jugendalter. Stuttgart, Berlin, Köln 1995.

Wagner, Ingeborg: Aufmerksamkeitstraining mit impulsiven Kindern. Stuttgart 1976.

Wagner, Ingeborg: Aufmerksamkeitsstörungen – ihre Bewältigung und Therapie. In: Czerwenka, K. (Hrsg.): Das aufmerksamkeitsgestörte und hyperaktive Kind. Weinheim und Basel 2002.

Wulf, C. (Hrsg.): Wörterbuch der Erziehung. München 1976.

Zimmer, R.: Handbuch der Sinneswahrnehmung. Freiburg 1995.

Kinder-, Jugendbücher:

Dietz, Felix: Wenn ich doch nur aufmerksam sein könnte! Ein hyperaktiver Jugendlicher berichtet. Elternselbsthilfe »ADS/Hyperaktivität«, Frankfurt 1999 (ab 10 Jahre).

Friedrich, S. & Friebel, V.: Entspannung für Kinder. Übungen zur Konzentration und gegen Ängste. Reinbek 2001.

Gordon, M.: Zappelmax! Sei nun endlich still und passe auf! Ein Büchlein für Kinder über die Aufmerksamkeitsdefizitstörung (ADS). GSI Publications, NY, USA, 1991 (Vertrieb für Deutschland: Bundesverband der Elterninitiativen zur Förderung hyperaktiver Kinder e.V., Forchheim).

Gordon, M.: Ich würde, wenn ich könnte. Ein Büchlein für Jugendliche über die Aufmerksamkeitsdefizitstörung (ADS). GSI Publications, NY,

USA, 1993 (Vertrieb für Deutschland: Bundesverband der Elterninitiativen zur Förderung hyperaktiver Kinder e.V., Forchheim).

Große, G.: Hyperaktiv wie Michel aus Lönneberga. Bundesverband Aufmerksamkeitsstörung /Hyperaktivität e.V., München, Forchheim, 2000.

Lindgren. Astrid: Immer dieser Michel. Hamburg 1989 (Neuausgabe) (ab 8 Jahre).

Lindgren, Astrid: Madita. Hamburg 1980 (ab 8 Jahre).

Reimann-Höhn, U.: ADS – So stärken Sie Ihr Kind. Freiburg 2001 (Geschichten für Kinder).

Rusch, R.: Zappelhannes. Weinheim und Basel 1997 (ab 8 Jahre).

Wever, C. & Phillips, N.: Immer Flausen im Kopf. Münster 2001.

Trainings-/Therapieprogramme:

Döpfner, Schürmann, Lehmkuhl: Wackelpeter und Trotzkopf. Weinheim und Basel 1999.

Döpfner, Schürmann, Fröhlich: Therapieprogramm für Kinder mit hyperkinetischem und oppositionellem Problemverhalten. Weinheim und Basel 1998.

Ettrich, C.: Konzentrationstrainings-Programm für Kinder (Vorschulalter, 1. und 2. Schulklasse, 3. und 4. Schulklasse), Göttingen 1998.

Flick, L. G.: Ganz bei der Sache. Aufmerksamkeitstraining für impulsive Kinder. München 1998.

Glubrecht, M., Hennig, G., Kowalczyk, W., Ottich, K. & Rudat: Besser lernen. Ein Trainingsprogramm zur Lernförderung für die Klassenstufen 5 bis 10. 1989. Bezugsadresse: AOL-Verlag, Waldstr. 17/18, 77839 Lichtenau-Scherzheim, Bestellnummer A 117.

Krowatschek, Dieter: Marburger Konzentrationstraining. Dortmund 2002.

Küspert, P. & Schneider W.: Hören, lauschen, lernen. Würzburger Trainingsprogramm zur Vorbereitung auf den Erwerb der Schriftsprache. Göttingen 2000.

Lauth, G. W. & Schlottke, P. F.: Training mit aufmerksamkeitsgestörten Kindern. Weinheim und Basel 1999 (Mit weiteren Empfehlungen für Trainings, auch Lehrerliteratur).

Wagner, Ingeborg: Aufmerksamkeitstraining mit impulsiven Kindern. Stuttgart 1976.

Selbsthilfeprogramme:

Aust-Claus, E. & Hammer, P.-M.: Das ADS-Buch. Ratingen 1999.
Döpfner, Schürmann, Lehmkuhl: Wackelpeter und Trotzkopf. Weinheim und Basel 1999.

Adressen

Selbsthilfegruppen:
Bundesverband Aufmerksamkeitsstörung/Hyperaktivität e.V., Postfach 60, 91291 Forchheim.

Arbeitskreis hyperaktives Kind e.V., Bundesgeschäftsstelle, Dieterichstr. 9, 30159 Hannover.

Bundesarbeitsgemeinschaft zur Förderung der Kinder und Jugendlichen mit Teilleistungsstörungen (MCD/HKS) e.V., Postfach 450246, 50877 Köln.

Internetseiten:

Inzwischen stehen eine Unmenge von Internetadressen, die zum Thema ADS aus ihrer Sicht informieren, zur Verfügung, die 3 nachstehenden seien exemplarisch aufgeführt, auch als Startpunkt für weitere interessante »Seiten«:

ADD-Online (von Professionellen)
www.psychologie-online.ch/add/

Selbsthilfegruppe Frankfurt
www.ads-hyperaktivitaet.de

Bundesverband Aufmerksamkeitsstörung
www.osn.de/user/hunter/badd.htm

Personen- und Sachregister

171

Rat für Eltern und Fachleute

Thilo Fitzner · Werner Stark (Hrsg.)

ADS: verstehen -
akzeptieren - helfen

Das Aufmerksamkeitsdefizitsyndrom
mit Hyperaktivität
und ohne Hyperaktivität

BELTZ
Taschenbuch

Das Erscheinungsbild der Aufmerk-samkeitsdefizitstörung ist vielfältig und wird oft erst nach einem langen Leidensweg der Betroffenen diagnostiziert Bei allen, die mit ADS-Kindern leben und arbeiten, besteht ein großes Bedürfnis nach Information – nach klaren Aussagen zu den Ursachen und therapeutischen Möglichkeiten. Neueste Erkenntnisse zur Ursachenforschung werden in diesem Buch ebenso dargestellt wie pädagogische und therapeutische Hilfen für Elternhaus und Schule. Breiten Raum nimmt der Komplex ADS bei Jugendlichen und Erwachsenen ein. Ansätze in Therapie und Forschung aus den USA und Skandinavien ergänzen dieses aktuelle, umfassende und interdisziplinäre Buch, das sich an Eltern, Lehrer, Therapeuten, Mediziner und Betroffene richtet.

Thilo Fitzner / Werner Stark (Hrsg.)
ADS: verstehen – akzeptieren – helfen
Das Aufmerksamkeitsdefizit-Syndrom
mit Hyperaktivität und ohne Hyperaktivität
Beltz Taschenbuch 78
320 Seiten
ISBN 978-3-407-22078-3

BELTZ
Taschenbuch